CLV

Warren W. Wiersbe

Teuflische Strategien

… und wie man sie durchschaut

Falls nicht anders vermerkt, sind die Bibelzitate der Elberfelder Übersetzung 2003, Edition CSV Hückeswagen, entnommen.

Originally published in the U.S.A. under the title:
The Strategy of Satan, by Warren W. Wiersbe

1. Auflage 2015
2. Auflage 2016
3. Auflage 2025

Christliche Literatur-Verbreitung e.V.
Ravensberger Bleiche 6 · 33649 Bielefeld
www.clv.de

Bei Fragen zur Produktsicherheit erreichen Sie uns
über gpsr@clv.de oder auf dem Postweg.

Übersetzung: Hermann Grabe, Meinerzhagen
Satz: CLV
Umschlag: Andreas Fett, Meinerzhagen
Druck und Bindung: CPI books GmbH, Leck

Artikel-Nr. 256271
ISBN 978-3-86699-271-9

Zur Erinnerung an Peter Deyneka sen.

Inhalt

Einführung

Worum geht es in diesem Buch, und wie sollte man es anwenden?

Dieses Buch handelt vom Satan und von seiner Strategie, unser Leben als Christ Schiffbruch erleiden zu lassen und (wenn möglich) uns selbst zu verderben.

Vier Menschen im Alten Testament erlebten einen direkten Zusammenstoß mit dem Satan. Von ihren Erfahrungen wollen wir lernen,

- welche Zielscheiben er in unserem Leben sucht;
- welche Waffen er benutzt, um uns anzugreifen;
- was er bei uns erreichen möchte; und
- welche Waffen Gott uns bereitgestellt hat.

Denken Sie bitte immer daran, dass dies ein Handbuch für die Waffen eines Soldaten Christi ist. Es ist kein Andachtsbuch für einen Gläubigen, der sich unerlaubt von der kämpfenden Truppe entfernt hat. Es ist vielmehr ein überaus wichtiger Führer für hingegebene Christen, die auf dem Schlachtfeld stehen und wissen möchten, wie sie Sieger werden können.

Überfliegen Sie bitte diese Seiten nicht. Lesen Sie diese sorgfältig, besonders die vielen Zitate aus Gottes Wort. Bitten Sie den Herrn darum, dass der Heilige Geist Ihnen Verständnis gibt und dass Sie diese Wahrheiten wirklich in sich aufnehmen! In diesen Kapiteln ist nirgends bloßes »Füllmaterial« zu finden. Im Gegenteil: Was hier steht, ist das Allerwesentlichste – sozusagen die tiefste Grundlage und das wahre Fundament dessen, was Gott mir in vielen Jahren des Studierens und Kämpfens über die Kriegsführung des Christen beigebracht hat. Und ich habe diese Wahrheiten in meinem eigenen Leben und Dienst erprobt.

Zweifellos wird Satan alles daransetzen, Sie davon abzuhalten, dass Sie einen Segen aus diesem Buch gewinnen. Er wird Sie ablenken und auf andere Gedanken bringen. Er wird Sie zu verwirren trachten oder Ihnen vielleicht eine kritische Haltung einreden. Er wird für Unterbrechungen sorgen. Darum rate ich Ihnen, den Herrn um Hilfe und Bewahrung zu bitten, wenn Sie diese Seiten durcharbeiten. »Der in euch ist, [ist] größer … als der, der in der Welt ist« (1Jo 4,4). *Was Ihre Stellung angeht*, so sind Sie in Christus und damit von der Macht Satans befreit.

> … der uns errettet hat aus der Gewalt der Finsternis und versetzt hat in das Reich des Sohnes seiner Liebe (Kol 1,13).

Ich möchte mit diesem Buch erreichen, dass Sie diesen Sieg, diese »Versetzung« *praktisch* erleben.

Die Wahrheiten in diesem Buch werden Ihnen allerdings nur von Nutzen sein, wenn Sie diese praktisch anwenden. Satan findet Gefallen daran, Christen zu sehen, die in ihrem Kopf von diesem Sieg wissen, ihn aber in ihrem Herzen nie erfahren haben, denn das wiegt die Gläubigen in falscher Sicherheit, und so werden sie für den Satan eine leichte Beute. Nicht dadurch, dass Sie von diesen Wahrheiten *lesen*, erfahren Sie den damit verbundenen Segen. Ja, nicht einmal dadurch, dass Sie sich darüber *freuen*, wird er Ihnen zuteil. Er wird Ihnen nur geschenkt, wenn Sie diese Wahrheiten *tun*. Darum nehmen Sie sich mithilfe des Heiligen Geistes vor, diese Wahrheiten in die Praxis umzusetzen.

Denken Sie immer daran: Sie kämpfen nicht, *um zu siegen*, sondern Sie kämpfen *vom Sieg her*, denn Jesus Christus hat den Satan bereits besiegt!

> … als er die Fürstentümer und die Gewalten ausgezogen hatte, stellte er sie öffentlich zur Schau, indem er durch dasselbe[1] über sie einen Triumph hielt (Kol 2,15).

---

1 A. d. H.: D. h. durch das Kreuz (vgl. 2,14).

> Jetzt ist das Gericht dieser Welt; jetzt wird der Fürst dieser Welt hinausgeworfen werden (Joh 12,31).

> Und sie haben ihn [Satan] überwunden um des Blutes des Lammes und um des Wortes ihres Zeugnisses willen, und sie haben ihr Leben nicht geliebt bis zum Tod! (Offb 12,11).

Nun, vorwärts zum Sieg!

1

Der Verführer

Ein Beispiel aus dem Alten Testament: **Eva**

Er war ein Menschenmörder von Anfang an und steht nicht in der Wahrheit, weil keine Wahrheit in ihm ist. Wenn er die Lüge redet, so redet er aus seinem Eigenen, denn er ist ein Lügner und ihr Vater (Joh 8,44).

Und es wurde geworfen der große Drache, die alte Schlange, welcher Teufel und Satan genannt wird, der den ganzen Erdkreis verführt (Offb 12,9).

Ich fürchte aber, dass etwa, wie die Schlange Eva durch ihre List verführte, so euer Sinn verdorben und abgewandt werde von der Einfalt gegenüber dem Christus (2Kor 11,3).

Denn viele Verführer sind in die Welt ausgegangen (2Jo 7).

Und die Schlange war listiger als alle Tiere des Feldes, die Gott der HERR gemacht hatte; und sie sprach zu der Frau: Hat Gott wirklich gesagt: Ihr sollt nicht essen von jedem Baum des Gartens?

Und die Frau sprach zu der Schlange: Von der Frucht der Bäume des Gartens essen wir; aber von der Frucht des Baumes, der in der Mitte des Gartens ist, hat Gott gesagt: Davon sollt ihr nicht essen und sie nicht anrühren, damit ihr nicht sterbt.

Und die Schlange sprach zu der Frau: Ihr werdet durchaus nicht sterben, sondern Gott weiß, dass an dem Tag, da ihr davon esst, eure Augen aufgetan werden und ihr sein werdet wie Gott, erkennend Gutes und Böses.

> Und die Frau sah, dass der Baum gut zur Speise und dass er eine Lust für die Augen und dass der Baum begehrenswert wäre, um Einsicht zu geben; und sie nahm von seiner Frucht und aß, und sie gab auch ihrem Mann bei ihr, und er aß.
>
> Da wurden ihnen beiden die Augen aufgetan, und sie erkannten, dass sie nackt waren; und sie hefteten Feigenblätter zusammen und machten sich Schurze (1Mo 3,1-7).

1.1 Satans Zielscheibe: **Unser Geist**[2]

Als Satan das erste Menschenpaar zur Sünde verleiten wollte, begann er damit, den Geist der Frau anzugreifen. Das wird uns in 2. Korinther 11,3 deutlich gemacht:

> Ich fürchte aber, dass etwa, wie die Schlange Eva durch ihre List verführte, so euer Sinn verdorben und abgewandt werde von der Einfalt gegenüber dem Christus.

Warum liegt Satan daran, unseren Geist anzugreifen? Weil unser Geist derjenige Teil des göttlichen Ebenbildes ist, durch den Gott mit uns kommuniziert und uns seinen Willen offenbart. Es ist ein großes Unglück, dass manche Christen die Bedeutung des Geistes mit all seinen Fähigkeiten (auch auf intellektuellem Gebiet) sehr weit heruntergespielt haben, während doch die Bibel dessen Bedeutung hervorhebt.

> Belügt einander nicht, da ihr den alten Menschen mit seinen Handlungen ausgezogen und den neuen angezogen habt, der

2 A. d. H.: Im Original findet sich der Begriff *mind*, der mit verschiedenen Ausdrücken übersetzt werden kann (*Geist*, *Verstand*, *Sinn*, *Gesinnung*, *Gedanken*, *Denken* usw. [sogar mit *Herz*, *Seele*, *Gemüt*]). Diese Bedeutungsvielfalt entspricht in etwa dem biblischen Sprachgebrauch. Daher ist im Folgenden das Wort *mind* je nach Kontext unterschiedlich wiedergegeben worden, wobei am häufigsten der Begriff *Geist* erscheint. Stets ist dabei der menschliche Geist vom Heiligen Geist zu unterscheiden.

> erneuert wird zur Erkenntnis nach dem Bild dessen, der ihn erschaffen hat (Kol 3,9-10).

> Dies nun sage und bezeuge ich im Herrn, dass ihr fortan nicht wandelt, wie auch die Nationen wandeln, in Eitelkeit ihres Sinnes, verfinstert am Verstand, entfremdet dem Leben Gottes wegen der Unwissenheit, die in ihnen ist, wegen der Verhärtung ihres Herzens, die, da sie alle Empfindung verloren, sich selbst der Ausschweifung hingegeben haben, um alle Unreinheit mit Gier auszuüben. Ihr aber habt den Christus nicht so gelernt, wenn ihr wirklich ihn gehört habt und in ihm gelehrt worden seid, wie die Wahrheit in dem Jesus ist: dass ihr, was den früheren Lebenswandel betrifft, abgelegt habt den alten Menschen, der nach den betrügerischen Begierden verdorben wird, aber erneuert werdet in dem Geist eurer Gesinnung und angezogen habt den neuen Menschen, der nach Gott geschaffen ist in wahrhaftiger Gerechtigkeit und Heiligkeit (Eph 4,17-24).

> Und seid nicht gleichförmig dieser Welt, sondern werdet verwandelt durch die Erneuerung eures Sinnes, dass ihr prüfen mögt, was der gute und wohlgefällige und vollkommene Wille Gottes ist (Röm 12,2).

Gott erneuert unser Leben, indem er unseren Geist bzw. unsere Gesinnung erneuert, und dies geschieht durch seine Wahrheit. Diese Wahrheit ist das Wort Gottes.

> Heilige sie durch die Wahrheit: Dein Wort ist Wahrheit (Joh 17,17).

Wenn Satan uns dazu bringt, einer Lüge zu glauben, dann kann er in unserem Leben darauf hinarbeiten, uns in eine Sünde zu führen. Darum greift er als Erstes unseren Geist an, und deshalb müssen wir unseren Geist vor den Angriffen des Bösen schützen.

> Im Übrigen, Brüder, alles, was wahr, alles, was würdig, alles, was gerecht, alles, was rein, alles, was lieblich ist, alles, was wohllautet, wenn es irgendeine Tugend und wenn es irgendein Lob gibt, dies erwägt (Phil 4,8).

»Wenn etwas nicht wahr ist«, so schreibt Paulus im Grunde, »dann lasst es nicht in euren Geist kommen!«

In den letzten Jahren hat die Wissenschaft viele faszinierende Dinge über den menschlichen Geist entdeckt. Unser Geist kann wie ein Computer Fakten und Eindrücke – ja, sogar Gefühle – sammeln und sich noch Jahre später an sie erinnern. Ihr Geist kann dadurch, dass Sie sich etwas ins Gedächtnis rufen, in die Vergangenheit zurückgehen. Und dadurch, dass Ihr Geist sich der Vorstellungskraft bedient, können Sie sich in die Zukunft vortasten. So beeinflusst das menschliche Denken unser Fühlen und Wollen.

> Denn wie einer in seiner Seele berechnend denkt, so ist er (Spr 23,7; Schlachter 2000).

Der Arzt sagt: »Du bist, was du isst«, und der Psychologe sagt: »Du bist, was du denkst.« Satan kennt die überragende Kraft unserer Gedanken und will sie für seine Ziele gewinnen.

> Den festen Sinn bewahrst du in Frieden … denn er vertraut auf dich (Jes 26,3).

> Denn die Gesinnung des Fleisches ist der Tod, die Gesinnung des Geistes aber Leben und Frieden (Röm 8,6).

Ihr Geist beeinflusst Ihr gesamtes Sein. Obwohl ich in etlichen Punkten mit der modernen »Erfolgs-Psychologie« oder mit der das »Heilwerden« propagierenden Psychologie unserer Tage nicht übereinstimme, muss ich zugeben, dass unsere Einstellungen wichtig für Gesundheit und Erfolg in unserem Leben sind. Das völlig neue Gebiet der »ganzheitlichen Medizin« zielt auf die Einflüsse unseres

Geistes, um dadurch die Selbstheilungskräfte des Patienten zu fördern. Verkaufsmanager »stärken ihren Verkäufern den Rücken«, indem sie deren Geist mit Gedanken daran erfüllen, wie überlegen ihr Produkt und wie sicher der Erfolg ist. Einer ähnlichen Methode bedienen sich Fußballtrainer in der Arbeit mit ihren Mannschaften. Nur so zu denken, genügt natürlich nicht, aber es hat ganz bestimmt einen gewissen Einfluss!

1.2 Satans Waffe: **Lügen**

Satan kam zu Eva in Gestalt einer Schlange – als der schlaue Verführer.

> [Dies ist] der große Drache, die alte Schlange, welcher Teufel und Satan genannt wird, der den ganzen Erdkreis verführt (Offb 12,9).

> … weil keine Wahrheit in ihm ist … denn er ist ein Lügner und ihr Vater[3] (Joh 8,44).

Es ist wichtig, dass wir uns die Schritte anschauen, die Satan unternahm, um Eva seine Lügen glaubhaft zu machen.

Er stellte Gottes Wort infrage. »Hat Gott wirklich gesagt …?« Er leugnete nicht, dass Gott geredet hatte; er zog lediglich in Zweifel, ob Gott das wirklich so gesagt hatte. »Vielleicht hast du ja Gottes Wort missverstanden«, redete er ihr ein. »Du weißt es ja nur aus deiner Erinnerung, was Gott gesagt hat.« Es ist bemerkenswert, dass Satan mit dieser »Vermutung« auch Gottes Güte infrage stellte. »Hätte Gott dich wirklich lieb, würde er dir nichts vorenthalten.« Die gleiche Methode benutzte er bei unserem Herrn in der Wüste: »Wenn du Gottes Sohn bist, warum bist du dann hungrig?«

---

3 A. d. H.: D. h. der Vater der Lüge, von der zuvor in diesem Vers die Rede ist (so auch später).

Er leugnete Gottes Wort. »Ihr werdet durchaus nicht sterben!« Von der Infragestellung des göttlichen Wortes bis zu dessen Leugnung ist es nur ein kleiner Schritt. Natürlich waren weder Adam noch Eva jemals dem Tod begegnet. Alles, worauf sie sich verlassen mussten, war Gottes Wort, *aber das war alles, was sie brauchten.* Wenn Eva nicht auf Satan gehört hätte, als er Gottes Wort infrage stellte, wäre sie niemals in seine Falle geraten, als er Gottes Wort leugnete.

Er setzte seine eigene Lüge an die Stelle des Wortes Gottes. »Ihr [werdet] sein … wie Gott!« Adam und Eva waren bereits im Bild Gottes erschaffen, aber Satan führte sie mit einem noch größeren Privileg in Versuchung: Gott gleich sein! Das war tatsächlich Satans größter Ehrgeiz, als er noch Luzifer, Gottes mächtiger Engel, war.

> Wie bist du vom Himmel gefallen, du Glanzstern, Sohn der Morgenröte; zur Erde gefällt, Überwältiger der Nationen! Und du sprachst in deinem Herzen: »Zum Himmel will ich hinaufsteigen, hoch über die Sterne Gottes meinen Thron erheben und mich niedersetzen auf den Versammlungsberg im äußersten Norden. Ich will hinauffahren auf Wolkenhöhen, mich gleichmachen dem Höchsten« (Jes 14,12-14).

Satan ist ein erschaffenes Wesen, ein Geschöpf, aber er wollte wie der Schöpfer angebetet und als Gott bedient werden. Es war diese Haltung, aufgrund derer er gegen Gott rebellierte und seine eigene Weltherrschaft aufrichten wollte. »Ihr [werdet] sein … wie Gott«, das ist die eine gigantische Lüge, von der seit dem Sündenfall des Menschen alle Zivilisationen beherrscht werden.

> … die die Wahrheit Gottes mit der Lüge vertauscht und dem Geschöpf Verehrung und Dienst dargebracht haben anstatt dem Schöpfer, der gepriesen ist in Ewigkeit (Röm 1,25).

Satan wollte angebetet und als Gott bedient werden, aber Jesus Christus tat weder das eine noch das andere, als Satan ihn versuchte.

> Wiederum nimmt der Teufel ihn mit auf einen sehr hohen Berg und zeigt ihm alle Reiche der Welt und ihre Herrlichkeit und sprach zu ihm: Dies alles will ich dir geben, wenn du niederfällst und mich anbetest.
>
> Da spricht Jesus zu ihm: Geh hinweg, Satan! Denn es steht geschrieben: »Den Herrn, deinen Gott, sollst du anbeten und ihm allein dienen« (Mt 4,8-10).

Satans Lüge (»Ihr [werdet] sein … wie Gott!«) motiviert und beherrscht in hohem Maße auch unsere heutige Zivilisation. Der Mensch versucht, sich am eigenen Schopf emporzuziehen. Er versucht, ein Utopia auf Erden zu errichten, um es – wenn möglich – sogar in den Weltraum mitzunehmen. Durch säkulare Bildung, Psychologie und mancherlei Religionen (von denen die meisten die Göttlichkeit Jesu Christi, die Sünde und die Notwendigkeit der Errettung leugnen) sowie durch Umweltverbesserungen bieten die Menschen Gott die Stirn und schaden sich damit selbst. Ja, sie spielen dadurch Satan direkt in die Hände.

Wie antwortete Eva auf Satans Verführungsstrategie? Sie reagierte darauf mit drei Fehlern, durch die sie sich in die Sünde verstrickte.

Sie nahm etwas von Gottes Wort weg. In Vers 2 ließ Eva das Wort »nach Belieben« aus. Ursprünglich hatte Gott in Kapitel 2,16 gesagt: »Von jedem Baum des Gartens darfst du nach Belieben essen.« Wir haben den Eindruck, dass Satans listige Einflüsterung (»Gott enthält euch etwas vor!«) einen Widerhall in Evas Herzen gefunden hatte. Sobald man anfängt, Gottes Gnade und seine Güte infrage zu stellen oder sie zu vergessen, gelingt es viel leichter, dem Willen Gottes ungehorsam sein.

Sie fügte Gottes Wort etwas bei. Die Worte »nicht anrühren« finden sich in dem göttlichen Gebot nicht. Dadurch machte Eva Gottes ursprüngliche Aussage nicht nur *weniger großzügig*, indem sie die Worte »nach Belieben« wegließ, sie ließ auch den Befehl *bedrückender* erscheinen, indem sie »nicht anrühren« hinzufügte.

»Seine Gebote sind nicht schwer« (1Jo 5,3). Satan möchte uns glauben lassen, Gottes Gebote seien eine schwere Last, und er hätte etwas Besseres anzubieten.

Sie veränderte Gottes Wort. Gott hatte nicht gesagt: »... damit ihr nicht sterbt«. Er sagte vielmehr: »... denn an dem Tag, da du davon isst, musst du sterben« (1Mo 2,17). Die für den Fall des Ungehorsams angekündigte Strafe, die Eva dem Satan nannte, schien längst nicht so hart, wie Gott sie verstanden wissen wollte. So konnte Eva es wagen, Gottes Willen zu missachten und Satans Willen zu tun.

Wenn Sie mit Gottes Wort auf derartige Weise umgehen, ist Ihr Herz sperrangelweit offen für den abschließenden teuflischen Trick: Er brauchte jetzt Eva nur noch zu erlauben, den Baum *losgelöst von Gottes Wort* zu betrachten. »Sieh ihn dir doch nur einmal an! Betrachte ihn, wie er wirklich aussieht!« Jetzt sah sie, dass er »gut zur Speise ... eine Lust für die Augen und ... begehrenswert wäre, um Einsicht zu geben« (1Mo 3,6). Sie musste jetzt eine Wahl treffen – entweder Gottes Wort oder Satans Wort. Sie verwarf Gottes Wort, glaubte dem Teufel und sündigte. Sie und ich, wir müssen unter den Folgen ihrer Entscheidung leiden, wie auch das gesamte Menschengeschlecht.

Gott führt seinen Willen auf Erden durch *Wahrheit* aus; Satan versucht, seine Ziele durch *Lügen* zu verwirklichen. Wenn ein Kind Gottes der göttlichen Wahrheit vertraut, dann kann der Geist Gottes mächtig in ihm wirken, denn der Heilige Geist ist »der Geist der Wahrheit« (Joh 16,13).

Wenn aber ein Mensch der Lüge glaubt, dann beginnt der Satan, in seinem Leben zu wirken, »denn er ist ein Lügner und ihr Vater« (Joh 8,44). Der Glaube an die göttliche Wahrheit führt zum Sieg; der Glaube an Satans Lügen führt ins Verderben.

Allerdings kündigt Satan niemals an: »Dies ist eine Lüge!« Er ist eine Schlange, ein Verführer. Dabei gibt er stets vor, seine Lügen entsprächen Gottes Wahrheit.

> Denn solche sind falsche Apostel, betrügerische Arbeiter, die die Gestalt von Aposteln Christi annehmen. Und kein Wunder, denn der Satan selbst nimmt die Gestalt eines Engels des Lichts an (2Kor 11,13-14).

Satan nahte Eva nicht in seinem wahren Wesen: Er maskierte sich und benutzte dazu eine Schlange. Satan ist ein Fälscher und ein Täuscher.

- Es gibt unter den Christen *Täuscher*:

  > ... [ich war] in Gefahren unter falschen Brüdern (2Kor 11,26).

  > Das Unkraut aber sind die Söhne des Bösen (Mt 13,38).

  > Ihr seid aus dem Vater, dem Teufel (Joh 8,44).

- Es gibt ein *falsches Evangelium*:

  > Aber selbst wenn wir oder ein Engel vom Himmel euch etwas anderes als Evangelium verkündigen würden als das, was wir euch verkündigt haben, der sei verflucht! (Gal 1,8; Schlachter 2000).

- Es gibt *falsche Diener* des Evangeliums:

  > Der Satan selbst nimmt die Gestalt eines Engels des Lichts an; es ist daher nichts Großes, wenn auch seine Diener die Gestalt als Diener der Gerechtigkeit annehmen (2Kor 11,14-15).

- Es gibt auch eine *falsche Gerechtigkeit*:

  > Denn da sie die Gerechtigkeit Gottes nicht erkannten und ihre eigene Gerechtigkeit aufzurichten suchten, haben sie sich der Gerechtigkeit Gottes nicht unterworfen (Röm 10,3).

– Es gibt sogar eine *falsche Kirche* – eine »Synagoge Satans«:

> Ich kenne deine Drangsal und deine Armut (du bist aber reich) und die Lästerung von denen, die sagen, sie seien Juden[4], und sind es nicht, sondern eine Synagoge des Satans (Offb 2,9).

– Und diese falsche Kirche hat *falsche Lehren*:

> Der Geist aber sagt ausdrücklich, dass in späteren Zeiten einige von dem Glauben abfallen werden, indem sie achten auf betrügerische Geister und Lehren von Dämonen (1Tim 4,1).

All das wird natürlich auf das Erscheinen eines *falschen* Christus – des Antichrists – hinauslaufen, der im Namen Satans auf der ganzen Welt Anbetung und Verehrung entgegennehmen wird.

> Und dann wird der Gesetzlose offenbart werden … dessen Ankunft nach der Wirksamkeit des Satans ist, in aller Macht und allen Zeichen und Wundern der Lüge und in allem Betrug der Ungerechtigkeit denen, die verlorengehen (2Thes 2,8-10).

> Und alle, die auf der Erde wohnen, werden ihn anbeten (Offb 13,8; RELB).

Satans Zielscheibe ist unser Geist, und seine Waffen sind Lügen. Was beabsichtigt er damit?

4 A. d. Ü.: D. h. Gottes Volk.

1.3 Satans Absicht: **Er will, dass wir Gottes Willen nicht mehr erkennen können**

Satan bekämpft Gottes Wort, weil Gottes Wort Gottes Willen offenbart.

> Dein Wort ist Leuchte meinem Fuß und Licht für meinen Pfad (Ps 119,105).

> Dein Wohlgefallen zu tun, mein Gott, ist meine Lust; und dein Gesetz ist im Innern meines Herzens (Ps 40,9).

Außerhalb des Wortes Gottes haben wir kein sicheres Verständnis für Gottes Willen. Und der Wille Gottes ist der Ausdruck der göttlichen Liebe zu uns.

> Der Ratschluss des HERRN besteht ewig, die Gedanken seines Herzens von Geschlecht zu Geschlecht (Ps 33,11).

Gottes Wille entspringt seinem Herzen. Er ist nichts Unpersönliches, im Gegenteil. Was er will, ist immer eine ganz persönliche Angelegenheit für den Herrn. Er kennt jedes seiner Kinder mit Namen und versteht es ganz persönlich – seine Wesensarten, seine Nöte und dergleichen –, und er gestaltet seine Pläne dementsprechend.

Gott will, dass wir seinen Willen *erkennen.*

> Der Gott unserer Väter hat dich dazu bestimmt, seinen Willen zu erkennen (Apg 22,14).

Gott will auch, dass wir seinen Willen *verstehen.*

> Darum seid nicht töricht, sondern verständig, was der Wille des Herrn sei (Eph 5,17).

Er will, dass dieses Verständnis seines Willens uns *erfüllt* und *regiert*.

> Deshalb hören auch wir nicht auf … für euch zu beten und zu bitten, damit ihr erfüllt sein mögt mit der Erkenntnis seines Willens in aller Weisheit und geistlicher Einsicht (Kol 1,9).

Das Ergebnis von dem allen ist, dass wir …

> … den Willen Gottes von Herzen [tun] (Eph 6,6).

Gottes Willen zu tun, ist keine Pflicht, sondern eine Freude. Der Christ findet Gefallen daran, den Willen Gottes herauszufinden und dann von Herzen zu gehorchen. Seine Speise ist, dass er den Willen Gottes tut. Davon nährt er sich. Der Herr Jesus sagte:

> Meine Speise ist, dass ich den Willen dessen tue, der mich gesandt hat, und sein Werk vollbringe (Joh 4,34).

Sie und ich, wir müssen wie Epaphras bitten, damit wir …

> … vollkommen und völlig überzeugt in allem Willen Gottes [stehen] (Kol 4,12).

Wenn Satan erreichen kann, dass wir den Willen Gottes nicht mehr erkennen, wird er uns all der herrlichen Segnungen berauben, die Gott für unser Leben geplant hat. Er wird es schaffen, dass wir schlechte Entscheidungen treffen, in sündige Aktivitäten verwickelt werden und unser Leben ganz falsch aufbauen. Und man muss leider sagen, *dass wir dadurch andere zum falschen Handeln beeinflussen werden*! In meinem Dienst am Wort habe ich an vielen Orten die tragischen Folgen gesehen, die ein Leben außerhalb des göttlichen Willens hervorgerufen hat.

Christen, die Gottes Willen nicht kennen, werden den Genuss des göttlichen Friedens und seiner Kraft verlieren. Sie werden ihr volles Potenzial nie ausschöpfen können und dadurch nicht fähig sein, das auszurichten, was Gott mit ihnen vorhatte. Anstatt erster Klasse zu reisen, fahren sie zweiter oder dritter Klasse und bejammern ihr Dasein. Sie leben wie Bettler, weil sie sich selbst von Gottes großem Reichtum abgeschnitten haben. Sie verbringen irgendwie ihr Leben – ja, noch schlimmer, sie *vergeuden* ihr Leben –, während sie doch ihr Leben für die Ziele des Himmels *nutzen* könnten.

> Wer aber den Willen Gottes tut, bleibt in Ewigkeit (1Jo 2,17).

1.4 Unsere Verteidigung: **Das inspirierte Wort Gottes**

Nur das inspirierte Wort Gottes kann die Lügen des Teufels offenbaren und besiegen. Mit Satan kann man nicht diskutieren; man kann sich mit ihm nicht einmal sicher unterhalten, wie Eva erfahren musste. Menschliche Weisheit reicht nicht aus, um Satans List zu überwinden. Unsere einzige Verteidigungswaffe ist das inspirierte Wort Gottes.

Es war die Waffe, die unser Herr benutzte, als er in der Wüste versucht wurde.

> Dann wurde Jesus von dem Geist in die Wüste hinaufgeführt, um von dem Teufel versucht zu werden; und als er vierzig Tage und vierzig Nächte gefastet hatte, hungerte ihn schließlich. Und der Versucher trat zu ihm hin und sprach: Wenn du Gottes Sohn bist, so sprich, dass diese Steine zu Broten werden.
>
> Er aber antwortete und sprach: Es steht geschrieben: »Nicht von Brot allein soll der Mensch leben, sondern von jedem Wort, das durch den Mund Gottes ausgeht.«
>
> Dann nimmt der Teufel ihn mit in die heilige Stadt und stellte ihn auf die Zinne des Tempels und spricht zu ihm: Wenn du Gottes Sohn bist, so wirf dich hinab; denn es steht geschrieben: »Er wird seinen Engeln deinetwegen befehlen, und sie werden dich auf Händen tragen, damit du nicht etwa deinen Fuß an einen Stein stoßest.«

Jesus sprach zu ihm: Wiederum steht geschrieben: »Du sollst den Herrn, deinen Gott, nicht versuchen.«

Wiederum nimmt der Teufel ihn mit auf einen sehr hohen Berg und zeigt ihm alle Reiche der Welt und ihre Herrlichkeit und sprach zu ihm: Dies alles will ich dir geben, wenn du niederfällst und mich anbetest.

Da spricht Jesus zu ihm: Geh hinweg, Satan! Denn es steht geschrieben: »Den Herrn, deinen Gott, sollst du anbeten und ihm allein dienen.«

Dann verlässt ihn der Teufel, und siehe, Engel kamen herzu und dienten ihm (Mt 4,1-11).

Unser Herr benutzte nicht seine göttliche Gewalt, den Satan in die Flucht zu schlagen. Er benutzte die gleiche Waffe, die auch uns heute zur Verfügung steht: das Wort Gottes. Jesus wurde von Gottes Geist geleitet und war von dem Wort Gottes erfüllt. Wie wir in einem späteren Kapitel sehen werden, ist das Wort Gottes »das Schwert des Geistes« (Eph 6,17); und der Heilige Geist kann uns befähigen, dieses Schwert effektiv einzusetzen. Wenn wir – Sie und ich – losziehen, um Satans Lügen zu bekämpfen, müssen wir uns auf Gottes Wort stützen. Diese Tatsache erlegt uns mehrere Verantwortlichkeiten auf.

Wir müssen Gottes Wort kennen. Es gibt keinen Grund, weshalb ein Gläubiger seine Bibel nicht kennen sollte. Das Wort Gottes ist für uns in vielen Übersetzungen erhältlich. Wir haben den Heiligen Geist, der in uns wohnt und der uns die Wahrheiten des Wortes lehren will (Joh 16,13-15). Es gibt zahlreiche Hilfen für das Studium der Bibel. Wir können das Radio anstellen und ausgezeichneten Predigern und Bibellehrern zuhören, die uns Gottes Wort auslegen. In den örtlichen Gemeinden gibt es überall Leute, die uns biblische Lehre weitergeben können, und an vielen Orten gibt es Seminare und Bibelstudiengruppen, wo man sich weiter unterweisen lassen kann. Wenn ein intelligenter Gläubiger heutzutage seine Bibel nicht kennt, ist das einzig seine eigene Schuld!

Um Abhilfe zu schaffen, muss man sich selbstverständlich Zeit zum *Lesen* und *Studieren* der Bibel nehmen. Niemand wird alles in der Bibel erkannt haben, auch wenn er sein ganzes Leben daran arbeitet, aber jeder sollte lernen, so viel er kann. Wir müssen uns Zeit *nehmen*, nicht warten, bis wir Zeit finden, um Gottes Wort zu lesen und zu studieren. So wie ein Maschinist die Gebrauchsanweisung studiert und ein Arzt medizinische Bücher liest, so muss ein Christ das Wort Gottes studieren. Bibelstudium ist kein Luxus, sondern eine Notwendigkeit.

Wir müssen das Wort Gottes auswendig lernen. Unser Herr hatte keine Konkordanz bei sich, als er in der Wüste war! Er dachte an die Mosebücher und wählte dann das fünfte Buch. Daraus zitierte er drei Stellen, um Satan zum Schweigen zu bringen. Die meisten Erwachsenen meinen, das Auswendiglernen von Bibelsprüchen sei etwas für Sonntagsschulkinder, doch in Wirklichkeit sollten *alle Gläubigen* es tun. Erwachsene Christen brauchen die Bibel viel nötiger als Kinder. Natürlich ist es trotzdem gut, wenn Kinder etwas aus der Bibel auswendig lernen.

> In meinem Herzen habe ich dein Wort verwahrt, damit ich nicht gegen dich sündige (Ps 119,11).

> Das Gesetz seines Gottes ist in seinem Herzen, seine Schritte werden nicht wanken (Ps 37,31).

> Dein Wohlgefallen zu tun, mein Gott, ist meine Lust; und dein Gesetz ist im Innern meines Herzens (Ps 40,9).

Wer kein Programm zum systematischen Auswendiglernen von Bibelversen hat, der sollte sich ein solches besorgen. In Ihrer Gemeinde gibt es bestimmt Leute, die wissen, woher man derartiges Material bekommen kann. In jedem örtlichen christlichen Buchladen gibt es Bibel-Lernhilfen. Zumindest können Sie dort solches Material bestellen.

Wir müssen über Gottes Wort nachdenken. Nachdenken oder Nachsinnen ist für den inneren Menschen, was die Verdauung für den äußeren Menschen ist. Wenn Sie Ihre Speisen nicht verdauen, werden Sie krank werden und schließlich sterben.

> Dieses Buch des Gesetzes soll nicht von deinem Mund weichen, und du sollst darüber nachsinnen Tag und Nacht, damit du darauf achtest, zu tun nach allem, was darin geschrieben ist; denn dann wirst du auf deinem Weg Erfolg haben, und dann wird es dir gelingen (Jos 1,8).

> Glückselig, der Mann, der … seine Lust hat am Gesetz des HERRN und über sein Gesetz sinnt Tag und Nacht (Ps 1,1-2).

Freuen Sie sich wirklich über Gottes Wort, oder lesen Sie darin nur aus Pflichtgefühl? Lesen Sie den Bibeltext während Ihrer »Morgenandacht« in aller Eile, oder nehmen Sie sich die Zeit, über Gottes Wahrheiten nachzusinnen? Beurteilen Sie sich selbst anhand der folgenden Aussagen des Psalmisten:

> Wie süß sind meinem Gaumen deine Worte, mehr als Honig meinem Mund! (Ps 119,103).

> Der Morgendämmerung bin ich zuvorgekommen und habe geschrien; auf dein Wort habe ich geharrt. Meine Augen sind den Nachtwachen zuvorgekommen, um zu sinnen über dein Wort (Ps 119,147-148).

> An dem Weg deiner Zeugnisse habe ich mich erfreut wie über allen Reichtum (Ps 119,14).

> Besser ist mir das Gesetz deines Mundes als Tausende von Gold und Silber (Ps 119,72).

> Darum liebe ich deine Gebote mehr als Gold und gediegenes Gold (Ps 119,127).

Hier finden wir einen Heiligen, der das Wort Gottes lieber hat als Nahrung, Schlaf oder Geld! Früh am Morgen und spät in der Nacht sinnt er über das Wort Gottes nach, sodass seine Seele reich beschenkt wird. Er gehört zu solchen Gläubigen, die es verstehen, das Wort Gottes anzuwenden, um Satan mit seinen Lügen in die Flucht zu schlagen.

Wir müssen das Wort Gottes anwenden. Der Geist eines Gläubigen sollte einem »geistlichen Computer« gleichen. Er sollte voller Bibelstellen sein, damit er im Falle einer Entscheidung oder einer Versuchung sich sofort an eine Bibelstelle erinnert, die zu der jeweiligen Situation passt. Durch den Dienst des Heiligen Geistes wird uns dann Gottes Wort ins Gedächtnis gerufen.

> Der Sachwalter aber, der Heilige Geist, den der Vater senden wird in meinem Namen, der wird euch alles lehren und euch an alles erinnern, was ich euch gesagt habe (Joh 14,26).

Aber der Heilige Geist kann uns nicht an etwas erinnern, *was wir nicht gelernt haben*! Wir müssen uns zuvor von ihm belehren lassen. Darum müssen wir die Schriftstellen, deren Sinn er uns zuvor erschlossen hat, auswendig lernen. Dann kann uns der Geist Gottes auch an das Gelernte erinnern, und wir können die Wahrheiten im Kampf gegen Satan anwenden. Dabei muss uns völlig klar sein, dass der Satan die Bibel viel besser kennt als wir! Und er kann sie auch zitieren!

Der Geist Gottes wird uns befähigen, das Wort Gottes im Kampf gegen Satan anzuwenden. Der Heilige Geist wird uns zeigen, wenn Satan die Bibel »benutzt«, um seine eigenen Lügen zu untermauern, genauso wie er es mit Jesus tat, als dieser in der Wüste war. Satan zitierte Psalm 91,11-12. Weil er aber seine eigenen Ziele verfolgte, ließ er die Worte »auf allen deinen Wegen« aus. Gott verheißt uns seinen

Schutz nur, wenn wir auf seinen Wegen gehen. Sobald wir törichterweise unsere eigenen Wege gehen, ist Gott nicht verpflichtet, uns zu bewahren. Das erklärt, warum Jesus antwortete: »Wiederum steht geschrieben« (Mt 4,7).

Jesus verglich Schriftstellen miteinander. Er zog *die ganze Botschaft der Bibel* in Betracht und blieb nicht bei einer isolierten Bibelstelle stehen, wie Satan es tat. Satan findet Gefallen daran, Verse aus dem Zusammenhang zu reißen, um seine falschen Behauptungen zu »beweisen«. Sie und ich – wir müssen uns um ein Verständnis *der ganzen Bibel* bemühen, wenn wir Satans Lügen aufdecken und bekämpfen wollen.

Es ist auch wichtig, dass wir die ganze Welt »mit den Augen« der Bibel betrachten. Wir müssen …

> … wandeln durch Glauben, nicht durch Schauen (2Kor 5,7).

Wenn wir versuchen, die Dinge um uns her aufgrund unseres Denkens und Wissens zu beurteilen, werden wir in Schwierigkeiten geraten. Wir müssen glauben, dass Gott in seinem Wort über die Dinge in dieser Welt die Wahrheit sagt:

> Darum halte ich alle deine Vorschriften in allem für recht; jeden Lügenpfad hasse ich (Ps 119,128).

Ein Geschäftsprojekt mag dem natürlichen Verstand »vorteilhaft erscheinen«, aber wenn es nicht auf den Wahrheiten des Wortes Gottes gegründet ist, wird es ein Fehlschlag werden. Eine Ehe mag aus menschlicher Sicht »genau das Richtige« sein, aber wenn sie Gottes Wort gegen sich hat, ist sie das Falsche. Ich habe gesehen, wie geschäftliche Unternehmungen zugrunde gingen und Ehen scheiterten, weil die Betreffenden nicht nach Gottes Willen fragten. Irgendwer hat da Satans Lügen geglaubt.

Inventur machen

1. Verbringe ich täglich Zeit mit dem Lesen und Überdenken des göttlichen Wortes?
2. Lerne ich regelmäßig Bibelverse auswendig?
3. Erlebe ich, dass ich ganz automatisch »biblisch denke«, wenn ich in einer Versuchung stehe oder eine Entscheidung fällen soll, oder muss ich christliche Freunde anrufen, damit sie mir geistliche Wegweisung erteilen?
4. Erlebe ich, dass ich immer besser Satans Lügen aufzudecken verstehe?
5. Erkenne ich Gottes Willen für mein Leben? *Will* ich ihn wirklich erkennen?
6. Liebe ich Gottes Willen, und tue ich ihn von Herzen?
7. Bin ich bereit, alle Aussagen des Wortes Gottes über mein Leben als wahr anzuerkennen? Oder frage ich gelegentlich: »Hat Gott das *wirklich* gesagt?« Habe ich gegen Gottes Wort Einwände?
8. Staune ich immer mehr über das Wort Gottes? Freue ich mich darüber mehr als über die natürlichen Annehmlichkeiten des Lebens (einschließlich Essen und Schlafen)?

Ein Vorschlag: Fragen Sie einen Ansprechpartner in Ihrer Gemeinde, ob er für Sie und Ihre Familie ein Programm zum systematischen Auswendiglernen von Bibelversen besorgen kann. Wenn er kein solches kennt, sollten Sie es im nächsten christlichen Buchladen versuchen! Sie können auch entsprechende Angebote im Internet in Anspruch nehmen, so z.B. von Bibel-Memory.[5]

5 URL: http://www.bibel-memory.de (abgerufen am 22. 7. 2015).

2

Der Zerstörer

Ein Beispiel aus dem Alten Testament: **Hiob**

Seid nüchtern, wacht; euer Widersacher, der Teufel, geht umher wie ein brüllender Löwe und sucht, wen er verschlinge (1Petr 5,8).

Simon, Simon! Siehe, der Satan hat begehrt, euch zu sichten wie den Weizen (Lk 22,31).

Sie haben über sich einen König, den Engel des Abgrunds; sein Name ist auf Hebräisch Abaddon, und im Griechischen hat er den Namen Apollyon (Offb 9,11).

Dann wurde ein Besessener zu ihm gebracht, blind und stumm; und er heilte ihn, sodass der Stumme redete und sah (Mt 12,22).

Und der HERR sprach zum Satan: Siehe, er ist in deiner Hand; nur verschone sein Leben (Hi 2,6).[6]

2.1 Satans Zielscheibe: **Unser Körper**

Wenn Satan uns nicht dadurch überwinden kann, dass er unseren menschlichen Geist verführt, so wird er anfangen, unseren Körper anzugreifen. Als Schlange verführt er, und als Löwe verschlingt er. Wenn wir ihm glauben, werden wir uns selbst zerstören. Während ich dies schreibe, untersuchen die Behörden den Massenselbstmord

6 A. d. A.: Ich empfehle Ihnen, zunächst die beiden ersten Kapitel des Buches Hiob zu lesen.

von Mitgliedern der Volkstempelsekte in Guyana. Über 900 Leute starben, weil sie Satans Lügen geglaubt hatten.[7]

Wenn wir seinen Verführungen Widerstand leisten, wird er unserem Körper Schaden zufügen. Hiob ist das Musterbeispiel für diese Art von Angriffen. Er verlor die Frucht seines Leibes – seine Kinder. Er verlor die Mittel, womit er seine körperlichen Bedürfnisse und diejenigen der ihm anvertrauten Menschen befriedigen konnte – seine Herden und seinen Reichtum. Und er verlor die Gesundheit seines Körpers durch eine abscheuliche Krankheit. Seine Freunde saßen eine Woche lang schweigend bei ihm, weil sie sahen, dass Hiob große Schmerzen litt. Und auch Hiobs Frau war dermaßen von den Trübsalen ihres Mannes überwältigt, dass sie ihm riet: »Sage dich los von Gott und stirb!« (Hi 2,9). Satan hatte mit seinem Angriff auf Hiobs Körper und auf all seine Habe ganze Arbeit geleistet.

Wenn wir die Berichte der Evangelien lesen, werden wir entdecken, dass Satan durch seine dämonischen Helfer verschiedene Leute angriff, um deren Körper zu zerstören. Sein Wirken führte dazu, dass ein Mann stumm wurde (Mt 9,32-33) und eine Frau zusammengekrümmt war und sich nicht aufrichten konnte (Lk 13,11-17). Satan griff sogar einen Jungen an und versuchte, ihn umzubringen, indem er ihn einmal ins Wasser und dann wieder ins Feuer warf (Mt 17,14-18). Es gibt kein Entrinnen vor der schrecklichen Tatsache, dass Satan unseren Körper angreifen kann, um ihn zu zerstören.

Warum will er das tun? Es gibt mehrere Gründe dafür. Wir beginnen mit dem Gedanken, dass unser Körper *ein Tempel Gottes* ist.

> Oder wisst ihr nicht, dass euer Leib der Tempel des Heiligen Geistes ist, der in euch wohnt, den ihr von Gott habt, und dass ihr nicht euer selbst seid? Denn ihr seid um einen Preis erkauft worden; verherrlicht nun Gott in eurem Leib (1Kor 6,19-20).

> … nach meiner sehnlichen Erwartung und Hoffnung, dass ich in nichts werde zuschanden werden, sondern mit aller Frei-

7 A. d. H.: Dies geschah bereits im November 1978.

mütigkeit, wie allezeit, so auch jetzt Christus erhoben werden wird an meinem Leib, sei es durch Leben oder durch Tod (Phil 1,20).

Gott ist unsichtbar; die Welt kann ihn nicht sehen. Jesus Christus ist in den Himmel zurückgekehrt und kann auch nicht gesehen werden. Aber uns Christen *kann* man sehen, und es ist das gottgemäße Verhalten *in unserem Körper*, durch das der Herr verherrlicht und erhoben wird.

Ebenso lasst euer Licht leuchten vor den Menschen, damit sie eure guten Werke sehen und euren Vater, der in den Himmeln ist, verherrlichen (Mt 5,16).

Gott will unseren Körper als Hilfsmittel benutzen, um sich vor der verlorenen Welt zu offenbaren. Unbekehrte Leute werden schwerlich in der Bibel lesen, um etwas über Gott zu erfahren, auch nicht in Büchern mit christlicher Theologie, aber sie werden in unserem Leben lesen.

Ihr aber seid ein auserwähltes Geschlecht, eine königliche Priesterschaft, eine heilige Nation, ein Volk zum Besitztum, damit ihr die Tugenden dessen verkündigt, der euch berufen hat aus der Finsternis zu seinem wunderbaren Licht (1Petr 2,9).

Das bedeutet: Wenn Satan unseren Körper angreift, vergeht er sich an dem einen Mittel, das Gott hat, um seine Gnade und Liebe einer verlorenen Welt zu offenbaren. Die Schöpfung offenbart die Kraft, die Weisheit und Herrlichkeit Gottes, aber die Christen offenbaren durch ein ihm wohlgefälliges Leben auf der Erde seine Gnade und Liebe.

Unser Leib ist nicht nur Gottes Tempel, sondern auch *Gottes Werkzeug.*

Also herrsche nicht die Sünde in eurem sterblichen Leib, um seinen Begierden zu gehorchen; stellt auch nicht eure Glieder

> der Sünde dar zu Werkzeugen der Ungerechtigkeit, sondern stellt euch selbst Gott dar als Lebende aus den Toten und eure Glieder Gott zu Werkzeugen der Gerechtigkeit (Röm 6,12-13).

Als Gott den Auftrag zum Bau einer Arche gab, benutzte er dazu die Geschicklichkeit von Noah und seiner Familie. Als er die Anweisungen zur Errichtung eines Heiligtums gab, brauchte er dafür die Hände und den Verstand von Bezaleel und Oholiab sowie ihrer Helfer (2Mo 36,1ff.). Jesus benutzte die Hände seiner Jünger, um bei der Speisung der Fünftausend die Brote und die Fische zu verteilen. Er nahm ihre Lippen und Zungen, sodass das Evangelium gepredigt werden konnte. Gott führt sein Werk in dieser Welt dadurch aus, dass er verschiedene Glieder unseres Leibes benutzt, die durch den Heiligen Geist dazu befähigt wurden.

Satan weiß, dass er Gottes Werk behindern kann, indem er Gottes Arbeiter angreift und ihre »Werkzeuge« dienstunfähig macht. Das in Römer 6,13 gebrauchte griechische Wort kann mit »Werkzeug« und auch mit »Waffe« übersetzt werden. So wie der Sohn Gottes einen menschlichen Körper annehmen musste, um sein Werk auf Erden zu tun, so braucht auch der Heilige Geist die Glieder unseres Leibes, um seinen Dienst auszuführen. Er setzt sie ein, um die Gemeinde hier auf Erden zu bauen. Darum sollen wir niemals die Bedeutung unseres Körpers unterschätzen und ihn auch stets angemessen pflegen. Ein Christ, der unvorsichtig mit seiner Gesundheit umgeht oder sich unnötigen Risiken aussetzt, spielt dem Zerstörer direkt in die Hände.

Der dritte Grund, warum Satan unseren Körper angreift, liegt darin, dass unser Körper Gottes *Schatzhaus* ist.

> Wir haben aber diesen Schatz in irdenen Gefäßen, damit die Überfülle der Kraft sei Gottes und nicht aus uns (2Kor 4,7).

Als Gott uns errettete, legte er den Schatz des ewigen Lebens gleichsam in ein Gefäß, unseren Körper. Wir tragen tatsächlich das Leben aus Gott in uns! Gott gab uns diesen großartigen Schatz nicht nur, damit wir ihn bewahren – ein Gefäß aus Ton ist nicht der sicherste Ort für einen Schatz! Er gab uns den Schatz, damit er ihn durch uns im Leben anderer zu deren Nutzen *einsetzen* kann. Daher vertraute Gott diesen geistlichen Reichtum beispielsweise dem Apostel Paulus an:

> … nach dem Evangelium der Herrlichkeit des seligen Gottes, das mir anvertraut worden ist (1Tim 1,11).

Paulus wiederum investierte diesen Schatz in Timotheus.

> O Timotheus, bewahre das anvertraute Gut (1Tim 6,20).

> Bewahre das schöne anvertraute Gut durch den Heiligen Geist, der in uns wohnt (2Tim 1,14).

Timotheus seinerseits war verpflichtet, diesen Schatz in das Leben anderer zu investieren.

> Was du von mir in Gegenwart vieler Zeugen gehört hast, das vertraue treuen Leuten an, die tüchtig sein werden, auch andere zu lehren (2Tim 2,2).

Mit anderen Worten: Ob diese geistlichen Investitionen sicher sind und ob sie sich letztendlich auszahlen, liegt daran, wie schwache menschliche Wesen damit umgehen! Der Schatz steckt in irdenen Gefäßen! Und Satan kann diesen geistlichen Reichtum rauben, indem er die Körper der Gläubigen angreift.

Schließlich greift Satan uns an, weil sich das Leben in unserem Körper als *Gottes Prüffeld* erweist.

> … sondern ich zerschlage meinen Leib und führe ihn in Knechtschaft, damit ich nicht etwa, nachdem ich anderen gepredigt habe, selbst verwerflich werde (1Kor 9,27).

Das Bild hier ist den Olympischen Spielen der Antike entnommen. Jeder Teilnehmer musste sich qualifizieren und die Regeln einhalten, sonst durfte er nicht teilnehmen. Wenn er nach dem Gewinn des Preises überführt wurde, die Regeln übertreten zu haben, wurde ihm der Preis wieder aberkannt. Jim Thorpe, einer der größten US-amerikanischen Sportler, musste seine Olympiamedaille zurückgeben, weil herauskam, dass er früher als Sportler Geld bekommen hatte, was gegen die olympischen Regeln verstieß.

Satan kann uns um unseren Lohn bringen, indem er unseren Körper angreift und uns dazu bringt, die Regeln nicht einzuhalten. Das hat nichts mit der Errettung zu tun, sondern mit dem Lohn für treuen Dienst. Der Sportler verlor nicht seine bürgerlichen Rechte, wenn er die Regeln übertrat; er verspielte nur seinen Lohn. Das war eine sehr schandbare Erfahrung.

> Und nun, Kinder, bleibt in ihm, damit wir, wenn er offenbart werden wird, Freimütigkeit haben und nicht vor ihm beschämt werden bei seiner Ankunft (1Jo 2,28).

Ich kann nicht deutlich genug betonen, *dass unser Körper für Gott wichtig ist.* Als Kinder Gottes müssen wir – Sie und ich – auf unseren Körper aufpassen und ihn zu Gottes Verherrlichung einsetzen. Alles in unserem Leben, was uns davon abhält, unser Bestes zu geben, muss abgelegt werden. So wie ein Mechaniker sehr auf sein Werkzeug achtet, so passt ein Gläubiger gut auf die »Werkzeuge« seines Körpers auf.

> Ich ermahne euch nun, Brüder, durch die Erbarmungen Gottes, eure Leiber darzustellen als ein lebendiges, heiliges, Gott wohlgefälliges Schlachtopfer, was euer vernünftiger Dienst ist (Röm 12,1).

2.2 Satans Waffe: **Leiden**

Satan will die Lebensumstände des Gläubigen unter Kontrolle bringen, damit er ihn gewissen Leiden unterwerfen kann. Er möchte den Körper des Betreffenden antasten, um ihm Leiden zu erwecken. All das wird in der Hiobsgeschichte illustriert. Als Erstes griff Satan Hiobs Körper *indirekt* durch die Geschehnisse um ihn herum an. So verlor Hiob seine Kinder, seinen Reichtum und die Gunst seiner Frau, seiner Freunde und seiner Nachbarn. Danach schlug Satan Hiobs Körper *direkt* mit einer furchtbaren Krankheit. Wenn Hiob umherblickte, sah er nur Schreckliches, und wenn er auf sich selbst schaute, fand er noch erbärmlichere Zustände. Und wenn er aufsah, schien es, als habe Gott ihn verlassen, obwohl Hiob seinen Glauben an Gott nicht aufgab und am Ende von Gott geehrt wurde.

Es ist wichtig, dass wir betonen: *Gott hatte alles unter Kontrolle.* Satan durfte Hiobs Besitz erst antasten, als Gott ihm das erlaubte. Außerdem konnte Satan Hiobs Körper erst antasten, als Gott es zuließ. Das erinnert uns an die Worte unseres Herrn an Petrus:

> Simon, Simon! Siehe, der Satan hat begehrt, euch zu sichten wie den Weizen. Ich aber habe für dich gebetet, dass dein Glaube nicht aufhöre (Lk 22,31-32).

Satan darf kein Kind Gottes ohne die Erlaubnis des himmlischen Vaters antasten. Das bedeutet eine starke Ermutigung für uns, denn dadurch wissen wir, dass alle erdenklichen Leiden, die über unser Leben hereinbrechen, von Gott verordnet wurden und völlig unter seiner Kontrolle stehen. Das Einzige, was Gott nicht bestimmen wird, *ist unsere Reaktion auf diese Leiden.* Und das ist die Stelle, an der Satan sein Ziel erreichen kann.

Beachten Sie außerdem, dass es mehr als eine Art von Leiden im Leben eines Christen gibt. Es gibt *Leiden im natürlichen Bereich*, die wir einfach erleben, weil wir Menschen sind. Wir können den allmählichen Verfall unseres Körpers nicht verhindern, auch wenn wir imstande sind, ihn ein wenig hinauszuschieben. Wir sind Krankheiten und Verletzungen ausgesetzt; wir verlieren liebe Verwandte und Freunde, wenn der Tod sein Recht fordert; wir merken, dass wir langsamer werden, und würden doch gern das gewohnte Tempo beibehalten. Es ist eine unangenehme – ja, schmerzliche – Erfahrung, dass wir schwache Menschen in einer gefahrvollen Welt sind. Doch diese Tatsache können wir nicht dem Teufel anlasten. Seit unserem Versagen in Eden seufzt die gesamte Schöpfung unter der Knechtschaft der Sünde, und wir Christen seufzen mit ihr (Röm 8,18-23).

Manchmal lässt Gott es zu, dass seine Kinder leiden. Er möchte sie damit züchtigen und erziehen. Unser himmlischer Vater liebt uns zu sehr, als dass er uns in unserem alten Zustand belässt, in dem wir gegen ihn rebelliert haben. Daher züchtigt er uns, damit unser Leben immer mehr seinem Willen entspricht.

> »Mein Sohn, achte nicht gering des Herrn Züchtigung, noch ermatte, wenn du von ihm gestraft wirst. Denn wen der Herr liebt, den züchtigt er; er geißelt aber jeden Sohn, den er aufnimmt« (Hebr 12,5-6).

Das Wort »Züchtigung« in Hebräer 12 bedeutet einfach »Kindererziehung«[8]. Das Ziel von Erziehung ist, dass der Sohn erwachsen wird. Gottes Absicht besteht nicht darin, uns Schmerzen zuzufügen, sondern darin, uns zu vervollkommnen. Solche Züchtigung ist nicht das Werk eines zornigen Richters, wenn er einen Kriminellen aburteilt. Sie ist vielmehr das Werk eines liebenden Vaters, der sein Kind vollkommen machen will.

Diese Züchtigung erfolgt nicht immer, weil wir gesündigt haben. Es stimmt, Gott »schlägt« seine Kinder, wenn sie sich gegen ihn auflehnen und nicht Buße tun wollen. David sündigte gegen Gott und versuchte, seine Sünde ein Jahr lang oder noch länger zu verbergen. Lesen wir Psalm 32, und wir werden sehen, dass David körperlich, seelisch und geistlich litt, weil er sich nicht Gott unterwerfen wollte.

8 A. d. Ü.: Noch genauer: »tun, was für Kinder gut ist«.

Aber gelegentlich lässt Gott Leiden in unserem Leben zu, weil er einfach uns geistlich auferbauen und uns zu größerer Reife führen will.

Zwei Stürme illustrieren diese Wahrheit in der Bibel: Jona gehorchte Gott nicht. Er weigerte sich, nach Ninive zu gehen. Er fand ein passendes Schiff, das ihn nach Tarsis bringen sollte, aber Gott hielt Jona während seiner Flucht auf, indem er einen Sturm sandte. Als die Schiffsleute Jona in das stürmische Meer geworfen hatten, wurde der Prophet von einem großen Fisch verschlungen. Er beschreibt seinen »lebendigen Tod« im Magen des großen Fisches in Kapitel 2 seines Buches. Gott musste Jona züchtigen und ihn bis an den Rand des Todes bringen, bevor der Prophet bereit war, seine Sünde zu bekennen und sich Gott wieder auszuliefern. Dieser Sturm kam, um Gottes Diener *zu korrigieren*, weil er ungehorsam war.

Es gibt aber auch Stürme, *weil wir gehorsam waren*! Von einem solchen Sturm wird in Matthäus 14,22-33 berichtet. Jesus hatte mehr als 5000 Leute gespeist, und sie wollten ihn zum König machen. Er schickte die Volksmenge fort und sandte auch seine Jünger in ihrem Boot über den See Genezareth. Dann ging er auf den Berg, um zu beten. Als die Jünger sich vom Ufer entfernt hatten, erhob sich ein so schrecklicher Sturm, dass das Boot unterzugehen drohte. Beachten Sie bitte: Sie waren nicht in diesen Sturm geraten, weil sie dem Herrn ungehorsam waren, *sondern weil sie ihm gehorcht hatten*. Er prüfte und vervollkommnete ihren Glauben. Später kam er dann zu ihnen und stillte den Sturm, aber als Ganzes zeigte dieses Erlebnis den Jüngern, wie schwach ihr Glaube in Wirklichkeit war.

So leiden wir manchmal aus dem einfachen Grund, dass wir Menschen sind. Wir leiden auch, weil wir dem Herrn ungehorsam waren und gezüchtigt werden müssen. Leiden können aber auch über uns kommen, weil Gott unseren Glauben stärken und uns helfen will, geistlich reifer zu werden. Nicht alle Leiden sind satanischen Ursprungs, aber es gibt eine Art von Leiden, die Satan als Waffe benutzt, und das erlebte Hiob. Dabei scheint es, als hätten all die Katastrophen in seinem Leben ganz natürliche Ursachen: Die Sabäer raubten die Rinder und die Esel; Feuer fiel vom Himmel (vielleicht ein Blitz) und verbrannte die Schafe; die Chaldäer stahlen die Kamele, und ein starker Wind (ein Tornado?) zerstörte das Haus seines ältesten Sohnes und tötete alle seine Kinder. *Aber Satan steckte hinter dem ganzen Geschehen!* Wenn Gott es erlaubt, kann Satan Menschen und Naturgewalten benutzen, um seine Ziele zu erreichen.

Als Gläubige können wir dabei dieses Vertrauen haben: *Gott hat alles vollständig im Griff.* Wenn Gott dem Satan erlaubt, Hiob in den Feuerofen der Leiden gehen zu lassen, bestimmt er selbst immer die Länge und Schwere der betreffenden Anfechtung! Hiob wusste nicht, was hinter den Kulissen ablief. Er hatte keine Vorstellung davon, dass Gott seine Leiden erlaubte, um Satan den Mund zu stopfen. Der wirkliche Kampf spielte sich in den »himmlischen Örtern« ab (Eph 6,12). Hiobs Umfeld und sein Körper bildeten gleichsam nur die Arena, in der die beiden Beteiligten – Gott und Satan – gegeneinander kämpften. Während Satan Hiobs Körper benutzen wollte, um Gott zu besiegen, beabsichtigte Gott, Hiobs Körper zu gebrauchen, um Satan zu bezwingen.

Wenn wir uns in schwierigen Umständen befinden, dann sollten wir versuchen, mithilfe des Wortes Gottes und des Gebets herauszufinden, woran das liegt – ob dies auf unsere sündige alte Natur, auf Gottes Züchtigungsabsichten oder auf Satans Wirken zurückzuführen ist. Ist Gott dabei, uns vollkommener zu machen? Ist er dabei, uns zu züchtigen und zu erziehen? Will Satan uns in unserem Dienst behindern oder uns sogar zugrunde richten? Wir können *den Ursprung* unserer Leiden nicht beherrschen, aber wir haben es in der Hand, *was dabei herauskommt*. Das bringt uns zum nächsten Abschnitt.

2.3 Satans Absicht: **Er will, dass wir uns gegen Gottes Willen auflehnen**

Die einzige Stelle im Neuen Testament, in der Hiob erwähnt wird, ist Jakobus 5,11:

> Siehe, wir preisen die glückselig, die ausgeharrt haben. Von dem Ausharren Hiobs habt ihr gehört, und das Ende des Herrn habt ihr gesehen, dass der Herr voll innigen Mitgefühls und barmherzig ist.

Dieser Vers zeigt uns, dass es Satans Absicht war, Hiob zur Ungeduld und damit zum Aufgeben zu veranlassen. Hiob wurde ungeduldig mit sich selbst und mit seinen kritischen Freunden, aber er verlor niemals seinen Glauben an Gott. Obwohl er nicht verstand, was Gott mit ihm tat, wusste er, dass er Gott vertrauen durfte und dass Gott ihn am Ende rechtfertigen würde.

Geduld oder Ausharren ist eine wichtige Tugend im Leben des Christen. Wenn wir nicht geduldig sind, können wir viele der Wahrheiten niemals erlernen, die Gott uns vermitteln möchte – Wahrheiten, die uns in ein tiefer gegründetes geistliches Leben und in größere Fruchtbarkeit im Dienst führen werden.

> Haltet es für lauter Freude, meine Brüder, wenn ihr in mancherlei Prüfungen fallt, da ihr wisst, dass die Bewährung eures Glaubens Ausharren bewirkt. Das Ausharren aber habe ein vollkommenes Werk, damit ihr vollkommen und vollendet seid und in nichts Mangel habt (Jak 1,2-4).

Kinder sind gewöhnlich ungeduldig; sie können nicht so lange still sitzen, bis die Dinge getan sind, die gemacht werden müssen. »Wie lange müssen wir noch warten?«, ist die Standardfrage der Kinder. *Ungeduld ist ein Kennzeichen von Unreife.*

Aber Ungeduld ist ebenso *ein Zeichen von Unglauben.* »Wer glaubt, wird nicht ängstlich eilen« (Jes 28,16). Wenn Sie ruhelos und nervös sind und »immer etwas tun müssen«, können Sie sicher sein, dass Sie Gottes Handeln nicht vertrauensvoll entgegensehen. Sie und ich, wir haben es nicht nötig, ruhelos zu sein. Seien wir vielmehr …

> … Nachahmer derer, die durch Glauben und Ausharren die Verheißungen erben (Hebr 6,12).

Glaube und Geduld gehen zusammen. Wenn wir wirklich auf Gott vertrauen, dann können wir auch warten, bis er das erfüllt, was er verheißen hat.

Ungeduld ist nicht nur ein Zeichen von Unreife und Unglauben, sondern auch *Ausdruck eines fleischlichen Lebenswandels.* Das Fleisch (die alte Natur) ist immer ungeduldig, aber die Frucht des Geistes ist …

> … Liebe, Freude, Friede, Langmut, Freundlichkeit, Gütigkeit, Treue, Sanftmut, Enthaltsamkeit (Gal 5,22-23).

Von Natur aus sind wir ungeduldig, aber die neue Natur in uns kann Geduld hervorbringen, wenn wir uns fest an den Heiligen Geist halten. Wenn Sie auf einen unbesonnenen, ungeduldigen Gläubigen treffen, können Sie mit Recht annehmen, dass dieser Mensch nicht im Geist wandelt, sondern sich in seinem Leben vom Fleisch motivieren lässt und aus ihm seine Triebkraft gewinnt.

Ungeduld führt immer zu kostspieligen Fehlern. Abraham wurde ungeduldig in seiner Beziehung zu Gott und »heiratete« Hagar, die Magd seiner Frau, weil diese einen Sohn zur Welt bringen sollte und er dadurch der Erfüllung der Verheißung Gottes »nachhelfen« wollte. Ein Sohn wurde geboren, aber dieser verursachte nichts als Kummer! Und noch weitere vierzehn Jahre musste Abraham warten, bis Isaak geboren wurde, und Isaak brachte Freude und Segen ins Haus.

König Saul wurde ungeduldig und wollte nicht auf die Ankunft des Propheten Samuel warten. Er kam dem göttlichen Willen zuvor und brachte ein Opfer dar. Das war der Anfang vom Ende seines Königtums.

Petrus wurde ungeduldig im Garten Gethsemane und versuchte, einen Mann mit dem Schwert zu erschlagen! Statt die Kehle des Betreffenden durchzuschneiden, schlug er ihm jedoch nur ein Ohr ab; und Jesus heilte die Wunde, um Petrus das Leben zu retten.[9] Die Ungeduld hätte Petrus fast das Leben gekostet.

Satan weiß, dass er uns ungeduldig machen kann. Er kann uns verleiten, irgendeine Dummheit zu begehen und uns selbst und andere ins Unglück zu stürzen. Mir fällt da ein Freund ein, der in seinem Gemeindedienst ungeduldig wurde, plötzlich seine Gemeinde verließ und in eine andere Gemeinde ging, von der man sagte, sie sei »der Himmel auf Erden«. Genau das Gegenteil kam dabei heraus, und innerhalb eines Jahres zog er schon wieder irgendwo anders hin. So denke ich auch noch an einen anderen Freund, der meinte, einen Job gefunden zu haben, in dem er schnell sehr reich zu werden hoffte. Er stürzte sich in diese Arbeit und verlor beinahe alles, was er besaß. Glücklicherweise nahm ihn sein alter Arbeitgeber wieder auf, aber mein Freund musste auf einer niedrigeren Sprosse der Karriereleiter als zuvor anfangen. Ungeduld hat ihren Preis!

Aber geduldiges Ausharren bereichert den Betreffenden. Satan versucht uns, damit das Schlimmste in uns zum Vorschein kommt, aber Gott lässt Leiden zu, um dadurch das Beste in uns hervorzubringen. Hiob wusste das, darum sagte er:

> Denn er kennt den Weg, der bei mir ist; prüfte er mich, wie Gold würde ich hervorgehen (Hi 23,10).

Gott würde dem Feind niemals erlauben, dass dieser uns durchs Feuer schickt, wenn er dabei nicht eine ganz klare Absicht verfolgte: *Gott will uns geduldig machen.* Geduld können wir nicht lernen, indem wir ein Buch darüber lesen oder einen entsprechenden Vortrag anhören. Der einzige Weg, Geduld zu lernen, besteht darin, *dass wir durch die Leiden gehen, die Gott uns zugedacht hat.* Die Prüfun-

9 A.d.H.: Hätte Jesus nicht eingegriffen, wäre die Menge der Häscher zweifellos auf Petrus losgegangen.

gen des Lebens sind die Werkzeuge, die Gott gebraucht, um uns reifen zu lassen, unseren Glauben aufzuerbauen und uns dahin zu bringen, dass wir dem Heiligen Geist und nicht dem Fleisch vertrauen.

Wenn Sie merken, dass Sie ungeduldig sind, können Sie sicher sein, dass da Satan und Ihr Fleisch am Werk sind und dass Sie in höchster Gefahr schweben, falsche Entscheidungen zu fällen. Wenn die Lebensumstände Sie irritieren, sollten Sie aufpassen! Wenn Familienprobleme, Ihre Freunde, die Finanzen oder Ihre Gefühle das Leben schwierig erscheinen lassen, dann können Sie mit Sicherheit davon ausgehen, dass Satan in der Nähe ist, indem er auf eine Gelegenheit zum Angriff lauert.

Aber Gott hat Ihnen eine Verteidigungswaffe gegeben.

2.4 Unsere Verteidigung: **Die uns verliehene Gnade Gottes**

Hiob ist nicht der einzige Heilige, der Satans Angriffe auf seinen Körper zu spüren bekam. Der große Apostel Paulus musste eine ähnliche Erfahrung machen.

> Und damit ich mich nicht durch das Übermaß der Offenbarungen überhebe, wurde mir ein Dorn für das Fleisch gegeben, ein Engel Satans, damit er mich mit Fäusten schlage, damit ich mich nicht überhebe. Für dieses flehte ich dreimal zum Herrn, damit er von mir abstehen möge. Und er hat zu mir gesagt: Meine Gnade genügt dir, denn meine Kraft wird in Schwachheit vollbracht. Daher will ich mich am allerliebsten viel mehr meiner Schwachheiten rühmen, damit die Kraft des Christus über mir wohne. Deshalb habe ich Wohlgefallen an Schwachheiten, an Schmähungen, an Nöten, an Verfolgungen, an Ängsten für Christus; denn wenn ich schwach bin, dann bin ich stark (2Kor 12,7-10).

Wir wissen nicht, worin der »Dorn für das Fleisch« bei Paulus bestand, aber was es auch war, es quälte ihn so sehr, dass er dreimal um Heilung betete. (Da wird man sicher auch daran denken, dass unser Herr im Garten Gethsemane dreimal gebetet hat, der Kelch möge an ihm vorübergehen. Wenn Schwierigkeiten auftreten, ist es nicht verkehrt, um Befreiung zu bitten.) Gott hat das Gebet des Paulus nicht erhört, *doch Gott begegnete seiner Not.* »Meine Gnade genügt dir.« Es ist die von Gott verliehene Gnade, die uns Sieg gibt, wenn Satan unseren Körper angreift, indem er uns leiden lässt. Nur durch Gottes Gnade können wir die Geduld erlangen, die wir brauchen, wenn wir durch den Feuerofen der Leiden gehen müssen.

> Der Gott aller Gnade aber, der euch berufen hat zu seiner ewigen Herrlichkeit in Christus Jesus, nachdem ihr eine kurze Zeit gelitten habt, er selbst wird euch vollkommen machen, befestigen, kräftigen, gründen (1Petr 5,10).

Unser Gott ist »der Gott aller Gnade«. Der Heilige Geist, der in uns wohnt, ist der »Geist der Gnade« (Hebr 10,29). Gottes Thron ist ein »Thron der Gnade« (Hebr 4,16), und sein Wort ist das »Wort seiner Gnade« (Apg 20,32). Alles ist von Anfang bis Ende nichts als Gnade!

Gottes Gnade ist seine Vorsorge für jede Not in unserem Leben. Gnade ist keine »mystische Substanz«, die Gott ausgießt, wenn wir in Not sind. Gnade ist vielmehr Gottes überfließender Reichtum, der für jede Not ausreicht. »Gesetz« bedeutet: *Ich* muss etwas für Gott tun, aber »Gnade« bedeutet, dass *Gott* etwas für mich tut. Niemand kann einen Anspruch auf diese Gnade erheben. Man kann sie auch nicht verdienen. *Gnade kann nur geschenkt werden.*

Zunächst einmal gilt, dass wir *durch Gottes Gnade errettet* wurden.

> Denn durch die Gnade seid ihr errettet, mittels des Glaubens; und das nicht aus euch, Gottes Gabe ist es; nicht aus Werken, damit niemand sich rühme (Eph 2,8-9).

Das bedeutet: Der »Reichtum seiner Gnade« steht uns jetzt zur Verfügung (Eph 2,7). Gott kann uns Gnade darreichen *zum Dienst*

(1Kor 15,9-10), *zur Freigebigkeit* (2Kor 8,1-9), *zum Singen* (Kol 3,16) und sogar *zum Sprechen* (Kol 4,6). Das bedeutet auch: Gott kann uns *zum Leiden* Gnade geben, wie er es bei Hiob und bei Paulus tat.

Welche Schritte sollten wir also unternehmen, wenn Satan unseren Körper angreift, um uns ungeduldig gegenüber Gottes Willen zu machen?

Wir müssen uns sofort Gottes Willen unterwerfen. Wenn wir uns auflehnen, bieten wir dem Satan eine weitere Angriffsplattform in unserem Leben. Wir dürfen Gott genau sagen, wie wir uns fühlen, aber auch gleich hinzufügen, dass wir ihn lieben und ihm vertrauen wollen – einerlei, was kommt.

> Siehe, tötet er mich – ich werde auf ihn warten (Hi 13,15).

Danken Sie Gott für die Drangsale!

> … danksagend allezeit für alles dem Gott und Vater im Namen unseres Herrn Jesus Christus (Eph 5,20).

> Danksagt in allem, denn dies ist der Wille Gottes in Christus Jesus für euch (1Thes 5,18).

Das soll nicht heißen: *Genießt* eure Leiden! Vielmehr ist damit nur gesagt, dass wir uns freuen, nach dem Willen Gottes zu leiden und zu wissen, dass er alles unter Kontrolle hat. Satan hasst es, wenn Gläubige Gott in ihren Leiden danken. Als Paulus und Silas im Gefängnis von Philippi sangen und Gott priesen, machten sie damit alle satanischen Pläne in dieser Situation zunichte! (Lesen Sie Apg 16,14ff.)

Verbringen Sie viel Zeit mit dem Wort Gottes! In diesem Wort der Gnade (vgl. Apg 20,32) und in den gnadenreichen Verheißungen Gottes werden wir Stärkung erfahren und immer daran denken, dass wir nicht von Erklärungen leben, sondern auf dem Fundament von Verheißungen. Gott erklärte Abraham nicht alles, was er tat, aber er gab ihm sehr wohl alle Verheißungen, die er brauchte, um weitermachen zu können.

> Bevor ich gedemütigt wurde, irrte ich; jetzt aber halte ich dein Wort … Es ist gut für mich, dass ich gedemütigt wurde, damit ich deine Satzungen lernte (Ps 119,67.71).

In Gottes Wort werden wir all die Verheißungen und Ermutigungen finden, die wir für jeden einzelnen Tag brauchen.

> Denn alles, was zuvor geschrieben worden ist, ist zu unserer Belehrung geschrieben, damit wir durch das Ausharren und durch die Ermunterung der Schriften die Hoffnung haben (Röm 15,4).

Schauen Sie nach Möglichkeiten aus, Gott zu verherrlichen! Wir sollen also bedenken, dass Gott unseren Körper benutzen will, um sich zu verherrlichen; Satan will unseren Körper dazu missbrauchen, den Herrn zu verunehren. Geduld in Leiden verherrlicht Gott immer. Unbekehrte können nicht begreifen, wie Christen leiden können, ohne zu klagen oder zu rebellieren.

> Denn was für ein Ruhm ist es, wenn ihr ausharrt, indem ihr sündigt und geschlagen werdet? Aber wenn ihr ausharrt, indem ihr Gutes tut und leidet, das ist wohlgefällig bei Gott (1Petr 2,20).

> Wenn aber [jemand leidet] als Christ, so schäme er sich nicht, sondern verherrliche Gott in diesem Namen[10] (1Petr 4,16).

Mitten in Schande und Leiden verherrlichten Paulus und Silas Gott, indem sie sangen und seinen Namen priesen. Während er zu Tode gesteinigt wurde, verherrlichte Stephanus Gott, indem er für seine

10 A. d. H.: D. h. in dem Namen Christi (vgl. 4,14).

Mörder bat. Viele der Psalmen Davids zeugen von der Tatsache, dass er selbst in Verfolgung und Verwerfung Gott preisen konnte. Der freudevollste Brief des Paulus – der an die Philipper – wurde in einem römischen Gefängnis geschrieben, während sein Leben auf Messers Schneide stand.

Wenn wir diesen Anweisungen folgen, werden wir entdecken, dass der Geist der Gnade in unserem Leben wirksam ist. Durch ihn wird uns die Gnade Gottes zuteil. Wir werden wachsen in geduldigem Ausharren! Wir werden Gottes Liebe und Gnade in unserem Herzen erleben, und diese Erfahrung wird die Last der Leiden, die uns von außen bedrängen, mehr als aufwiegen. Vielleicht verändert Gott die Umstände nicht, *aber er wird uns durch sie verändern*, sodass sich erweisen wird, dass die Umstände nicht *zu unserem Schaden*, sondern *zu unserem Nutzen* sind. Wie ich bereits sagte, haben wir – Sie und ich – *den Ursprung* oder *den Ablauf* der Leiden nicht im Griff, aber wir können (mit Gottes Hilfe) darüber entscheiden, *was dabei herauskommt.*

> Daher will ich mich am allerliebsten viel mehr meiner Schwachheiten rühmen, damit die Kraft des Christus über mir wohne (2Kor 12,9).

Wenn wir leben, um uns selbst zu gefallen, dann wird Satan siegen. Wenn wir aber leben, um Gott zu verherrlichen, wird Satan unterliegen. Die verliehene Gnade Gottes ist die einzige Waffe, die ihn besiegen kann, und diese Gnade ist nur in »dem Gott aller Gnade« zu finden.

3

Der Herrscher

Ein alttestamentliches Beispiel: **David**

Jetzt ist das Gericht dieser Welt; jetzt wird der Fürst dieser Welt hinausgeworfen werden (Joh 12,31).

Ich werde nicht mehr vieles mit euch reden, denn der Fürst der Welt kommt und hat nichts in mir (Joh 14,30).

… nicht ein Neuling, damit er nicht, aufgebläht, ins Gericht des Teufels falle. Er muss aber auch ein gutes Zeugnis haben von denen, die draußen sind, damit er nicht in Schmach und in den Fallstrick des Teufels falle (1Tim 3,6-7).

Stolz kommt vor dem Zusammenbruch, und Hochmut kommt vor dem Fall (Spr 16,18; Schlachter 2000).

Wir wissen, dass wir aus Gott sind, und die ganze Welt liegt *in dem*[11] Bösen (1Jo 5,19).

Auf die Frage: »Was war Davids größte Sünde?«, würden die meisten wahrscheinlich antworten: »Er beging Ehebruch mit Bathseba, und dann sorgte er dafür, dass ihr Ehemann im Krieg umkam.« Gewiss sind Ehebruch und Mord (verbunden mit Täuschung) schwere Sünden und dürfen nicht leichtgenommen werden. Aber David beging eine weitere Sünde, die noch schwerere Folgen nach sich zog. Wegen des Ehebruchs Davids starben vier Menschen: Uria, das neugeborene Baby, Amnon und Absalom. Aber wegen der anderen Sünde Davids

11 A. d. A.: Hervorhebung hinzugefügt.

starben 70 000 Menschen! Als David seine Sünden des Ehebruchs und des Mordes bekannte, sagte er: »Ich habe … gesündigt.« Als er aber die andere Sünde bekannte, sagte er: »Ich habe sehr gesündigt!«[12]

Was war Davids andere Sünde? Und welche Rolle spielte Satan dabei?

> Und Satan stand auf gegen Israel und reizte David, Israel zu zählen. Da sprach David zu Joab und zu den Obersten des Volkes: Geht hin, zählt Israel von Beerseba bis Dan; und bringt mir Bescheid, damit ich ihre Zahl weiß. …
>
> Und diese Sache war böse in den Augen Gottes, und er schlug Israel. Und David sprach zu Gott: Ich habe sehr gesündigt, dass ich diese Sache getan habe; und nun lass doch die Ungerechtigkeit deines Knechtes vorübergehen, denn ich habe sehr töricht gehandelt! …
>
> Und der HERR sandte eine Pest unter Israel; und es fielen von Israel 70 000 Mann. Und Gott sandte den Engel nach Jerusalem, um es zu verderben. Und als er verdarb, sah es der HERR, und das Übel reute ihn; und er sprach zu dem Engel, der verdarb: Genug, zieh jetzt deine Hand ab! Der Engel des HERRN stand aber bei der Tenne Ornans, des Jebusiters.
>
> Und als David seine Augen erhob, sah er den Engel des HERRN zwischen der Erde und dem Himmel stehen, sein Schwert gezückt in seiner Hand, ausgestreckt über Jerusalem. Da fielen David und die Ältesten, in Sacktuch gehüllt, auf ihr Angesicht. Und David sprach zu Gott: Bin ich es nicht, der gesagt hat, das Volk zu zählen? Und ich bin es, der gesündigt und sehr böse gehandelt hat; aber diese Schafe, was haben sie getan? HERR, mein Gott, es sei doch deine Hand gegen mich und gegen das Haus meines Vaters, aber nicht gegen dein Volk zur Plage!
>
> Und der Engel des HERRN sprach zu Gad, dass er David sage, David solle hinaufgehen, um dem HERRN einen Altar zu

12 A. d. H.: Vgl. 2. Samuel 12,13 und 24,10 (bzw. 1Chr 21,8).

errichten auf der Tenne Ornans, des Jebusiters. Und David ging hinauf nach dem Wort Gads, das er im Namen des HERRN geredet hatte (1Chr 21,1-2.7-8.14-19).

3.1 Satans Zielscheibe: **Unser Wille**

Satan zielt immer auf unseren Willen ab. Ihn will er beherrschen. Er mag damit anfangen, wie im Falle von Eva unseren Geist anzugreifen und uns gedanklich in die Irre zu führen oder wie bei Hiob unseren Körper anzutasten, aber letztlich geht es ihm um den Willen. In Davids Fall übersprang Satan allerdings den gedanklichen sowie körperlichen Bereich und griff mit einer Blitzkriegsaktion seinen Willen an. Damit hatte er Erfolg. Davids Geist wurde nicht angegriffen; gedanklich wurde er nicht in die Irre geführt. Vielmehr rebellierte er sehenden Auges gegen Gott. David hatte nichts zu leiden – im Gegenteil, seine Königsherrschaft war in bestem Zustand. Er hatte eine ganze Reihe bemerkenswerter Siege errungen und erfreute sich hoher Popularität und vieler Erfolge. Wäre David verführt worden, oder hätte er Leiden zu ertragen gehabt, so hätten wir Ursache, Verständnis für seine Entscheidung zu zeigen, aber das war alles nicht der Fall.

Wir dürfen niemals die Bedeutung des Willens im Leben eines Christen unterschätzen. Allzu viele Christen führen nur ein *intellektuelles* Glaubensleben, das wohl den Verstand befriedigt, aber niemals das Leben verändert. Sie können über die Bibel diskutieren – ja, sogar mit ihr argumentieren; wenn es aber um ihr praktisches Leben geht, so versagen sie. Andere Christen führen ein *emotionales* Glaubensleben, bei dem es auf die Veränderung in der Gefühlswelt ankommt. Wann immer sie nicht in Hochstimmung sind, meinen sie, von Gott verlassen zu sein. Gott will aber, dass *der ganze innere Mensch* ihm geweiht sein soll – mit einem einsichtsvollen Geist, einem brennenden Herzen und einem gehorsamen Willen. Unser Gehorsam sollte einem wachen Geist und einem Herzen entspringen, das am Ergehen anderer Menschen Anteil nimmt und voller Liebe ist.

Das Christenleben ist grundsätzlich eine Willenssache. Wir sollen den Herrn von ganzem Herzen (mit allen Emotionen), mit unserem ganzen Verstand (mit unserem Intellekt) und mit all unserer Kraft (mit unserem Willen) lieben. Der Heilige Geist will unsere Gedankenwelt durch das Wort Gottes prägen, das Herz mit wahrhaft heiligen Empfindungen inspirieren und unseren Willen stärken, Gottes Willen zu tun. Wenn sich ein Christ Gott ganz hingegeben hat, betet er – ob ihm danach zumute ist oder nicht. Er gehorcht dem Wort Gottes ganz unabhängig von dem, was er empfindet. Bei einem Christen, der sich von seinen Gefühlen leiten lässt, gibt es ein dauerndes Auf und Ab. Er sitzt in einer religiösen Achterbahn, aber ein Gläubiger, der auf der Grundlage »geistlicher Willenskraft« lebt, ist durch ein beständiges Christsein geprägt. Er tut einen beständigen Dienst, der nicht durch wechselnde Umstände oder Gefühle bedroht wird.

Unser Wille ist so bedeutungsvoll, weil er uns hilft, unseren Charakter zu bilden. Der Charakter wird durch Entscheidungen geformt, und Entscheidungen bahnen die Richtung, die unser Leben nimmt. Wir möchten vielleicht Umstände bzw. Gefühlslagen oder auch andere Menschen dafür verantwortlich machen, aber das sind nur Ausreden. Es ist der Wille, der die Richtung unseres Lebens bestimmt. Wir wurden errettet, weil wir sagten: »Ich will!«, als wir auf Gottes gnadenvollen Ruf reagierten, während wir im Glauben wachsen und Gott dienen, indem wir sagen: »Dein Wille geschehe!«

Viele Christen haben die Vorstellung, christliche Liebe sei ein Gefühl. Das stimmt nicht. Sie ist *Ausdruck eines Willensentschlusses*! Uns wird *geboten*, einander zu lieben, und Gott gebietet unseren Gefühlen nichts. Aber er hat jedes Recht, unserem Willen Befehle zu erteilen. Christliche Liebe bedeutet einfach, andere so zu behandeln, wie Gott uns behandelt, und da ist unser Wille gefragt. Ich bekenne, dass es Gläubige gibt, die ich als Christ liebe, aber es würde mir große Probleme bereiten, mit ihnen auszukommen, wenn ich etwa mit ihnen zusammenleben oder einen vierzehntägigen Urlaub mit ihnen verbringen müsste. Aber mit der Hilfe des Heiligen Geistes behandle ich sie so, wie Gott mit mir umgeht, und ich versuche, ihnen christliche Liebe zu zeigen. Das ist reine Willenssache.

Satans ursprüngliche Sünde entsprang seinem Willen. Wenn wir in Jesaja 14,12-14 vor jede dort geäußerte Absicht Satans ein »Ich will!« setzen, kommen wir auf fünfmal.[13] Er möchte seine Sünde in unserem Leben wiederholen, und er wird das auch erreichen, wenn wir nicht aufpassen.

Satan ist der »Fürst dieser Welt«, und wir – Sie und ich – sind rebellische Fremdlinge in seinem Territorium. Weil wir Himmelsbürger sind, gehorchen wir den Gesetzen des Himmels und unterwerfen uns dem Herrn des Himmels. Satan will, dass wir ihn anbeten und ihm dienen; er will uns seinem Willen unterwerfen. Welche Waffe benutzt er, um uns zu versuchen?

3.2 Satans Waffe: **Stolz**

Weil David sich wichtig vorkam, konnte Satan ihm den Gedanken einer Volkszählung schmackhaft machen. 1. Chronik 20 berichtet von mehreren großartigen Siegen, einschließlich der Erbeutung einer wertvollen Krone, die man David aufs Haupt setzte. David errang bis zu diesem Zeitpunkt viele militärische Siege, *aber* in Kapitel 21 *verlor er einen geistlichen Krieg*, weil Satan diese Siege dazu benutzen konnte, Davids Ego aufzublähen und ihn dazu zu verführen, gegen Gott aufzubegehren.

Davids Ehebruch mit Bathseba war eine Sünde des Fleisches: Aber als er das Volk zählen ließ, beging er eine Sünde des Geistes.

> Da wir nun diese Verheißungen haben, Geliebte, so wollen wir uns reinigen von jeder Befleckung des Fleisches und des Geistes und die Heiligkeit vollenden in der Furcht Gottes (2Kor 7,1; RELB).

13 A. d. H.: In den meisten englischen Bibelübersetzungen wird dies auch anhand des Wortlauts deutlich.

Gläubige sollten sich weder auf eine Sünde des Fleisches noch eine Sünde des Geistes einlassen, aber alle, die sich nicht einer »Sünde des Fleisches« (wie Ehebruch oder Völlerei) schuldig gemacht haben, sollten andere nicht verdammen, da sie selbst vielleicht eine »Sünde des Geistes« begangen haben. Der verlorene Sohn in Lukas 15 hatte sich fleischlicher Sünden schuldig gemacht, aber sein stolzer, kritischer, erbarmungsloser älterer Bruder beging Sünden des Geistes.

Es ist festzuhalten, dass Davids Sünde der Volkszählung 70 000 Menschen das Leben kostete. Sein Ehebruch führte »nur« zum Tod von vier Menschen. Bestimmte Ortsgemeinden sind schnell bei der Hand, um solche zu richten und zu verdammen, die in fleischliche Sünden gefallen sind, aber sie haben es nicht eilig, solche Gemeindeglieder (vor allem leitende Brüder) zu beurteilen, zu maßregeln und in die Schranken zu weisen, die sich geistlicher Sünden schuldig gemacht haben (wie Stolz, Eigensinn – der als »Glaubensstärke« verkauft wird –, böse Nachrede, Neid, Streitsucht, Übertreibung eigener Erfolge usw.).

In gewissem Maße spielt bei allen satanischen Versuchungen Stolz mit hinein. »Ihr [werdet] sein … wie Gott!«, gehörte zu dem Angebot, das Satan Eva machte. Hiob musste sich die Kritik seiner Freunde anhören und fragte sich, warum Gott nicht erschien, um ihm Recht zu verschaffen. Als Satan unseren Herrn versuchte, zielte er auch darauf ab, den menschlichen Stolz anzusprechen:

> Wiederum nimmt der Teufel ihn mit auf einen sehr hohen Berg und zeigt ihm alle Reiche der Welt und ihre Herrlichkeit und sprach zu ihm: Dies alles will ich dir geben, wenn du niederfällst und mich anbetest (Mt 4,8-9).

Das ist eine der Gefahren bei großen Erfolgen. Solche, denen viel gegeben ist, stehen in intensiven geistlichen Schlachten gegen den Stolz. Stolz verherrlicht den Menschen und raubt Gott die Ehre, die ihm allein zukommt. Stolz ist eine Waffe, die Satan mit großem Geschick benutzt. Das erklärt, warum Petrus schreibt:

> »Gott widersteht den Hochmütigen, den Demütigen aber gibt er Gnade.« So demütigt euch nun unter die mächtige Hand Gottes, damit er euch erhöhe zur rechten Zeit (1Petr 5,5-6).

Was war so schlimm an Davids Volkszählung? Immerhin, hatte nicht Mose in 2. Mose 30,11-16 auf göttliche Anweisung hin eine regelmäßige Volkszählung *angeordnet*? Ja, das stimmt, und zwar *als Erinnerung daran, dass das Volk von Gott erkauft worden war*. Alle Männer von 20 Jahren an hatten einen halben Schekel als »Hebopfer dem HERRN« abzugeben. Dadurch sollten sie zum Ausdruck bringen, dass sie Gottes große Erlösung aus Ägypten wertschätzten. Dabei ist besonders zu beachten, dass Mose in Vers 12 eine Warnung anfügt: »… dass keine Plage unter ihnen entstehe bei ihrer Musterung«.

Als David das Volk zählen ließ, tat er es zu seinem eigenen Ruhm und nicht zur Ehre Gottes. Es wird nicht berichtet, dass ein Hebopfer eingesammelt wurde. Es war »das Wort des Königs« und nicht Gottes Wort, das diese Volkszählung verlangte. Und sogar Joab, der doch wohl kaum ein geistlich gesinnter Mann war, widerstand zunächst dem Befehl des Königs. Es war der Stolz, der Davids Handeln bestimmte. Satan hatte in dieser Angelegenheit Davids Willen erobert. Er blähte Davids Ego auf und verleitete ihn zur Sünde. Satan wusste, dass sich David als Sieger und als bedeutende Persönlichkeit verstand, und er nutzte diese Situation aus.

Das erklärt, warum Paulus die Gemeinden der frühchristlichen Zeit ermahnte, keine Neubekehrte in den Kreis verantwortlicher Brüder zu berufen.

> … nicht ein Neuling, damit er nicht, aufgebläht, ins Gericht des Teufels falle (1Tim 3,6).

Während meines Gemeindedienstes habe ich erlebt, dass junge Christen in Dienste gestellt wurden, für die sie nicht vorbereitet waren, und das zog schmerzliche Konsequenzen nach sich. Satan flüstert einem »Neuling«, dem man eine Leiterstellung gegeben hat, gern ein: »Jetzt bist du eine wichtige Person!« Da dauert es meist nicht lange, bis der Stolz überhandnimmt und er ein Problem für sich selbst und für die Gemeinde wird. Der Apostel Johannes hatte schon zu seiner Zeit diese Art von Problemen mit führenden Leuten in den Gemeinden:

> Ich schrieb etwas an die Versammlung, aber Diotrephes, der gern unter ihnen der Erste sein will, nimmt uns nicht an (3Jo 9).

Man stelle sich vor: Er nahm das Wort eines Apostels nicht an! Auch Paulus hat zu dieser Haltung etwas zu sagen:

> Wenn jemand anders lehrt und sich nicht zuwendet den gesunden Worten unseres Herrn Jesus Christus und der Lehre, die gemäß der Gottseligkeit ist, so ist er aufgeblasen und weiß nichts, sondern ist krank an Streitfragen und Wortgezänken. Aus ihnen entstehen: Neid, Streit, Lästerungen, böse Verdächtigungen, ständige Zänkereien von Menschen, die in der Gesinnung verdorben und der Wahrheit beraubt sind (1Tim 6,3-5; RELB).

Satans Begehren ist, *in* den örtlichen Gemeinden aktiv zu werden, um ihren Dienst zu behindern. Und um das zu tun, muss es ihm gelingen, seine Ziele in und durch Christen zu erreichen – ob nun durch wiedergeborene oder Namenschristen, denn auch die Letztgenannten finden sich in den Gemeinden. Stolz ist eine seiner Hauptwaffen. Wenn er einem Verkündiger wegen seines Predigttalents Stolz einflößen kann, einen Sonntagsschullehrer stolz auf das Wachstum seiner Gruppe macht oder einen Gemeindemitarbeiter in einem anderen Dienstbereich dazu bringen kann, sich auf seine Erfahrung und leitende Stellung etwas einzubilden, dann hat Satan einen Fuß in der Tür, von wo aus er seine Angriffe starten kann. König David brachte Leid und Tod über Israel, nur weil er stolz geworden war.

3.3 Satans Absicht: **Er will, dass wir uns von Gottes Willen unabhängig machen**

Der Mensch ist ein abhängiges Geschöpf. Er ist auf Gott angewiesen (»denn in ihm leben und weben und sind wir« [Apg 17,28]) und braucht auch seine Mitmenschen, wenn er am Leben bleiben will. Der Kern aller Sünde besteht darin, unabhängig von Gott werden zu wollen. Das bedeutet nämlich, sich selbst zum Schöpfer zu machen, obwohl wir nur Geschöpfe sind (Röm 1,25). Man glaubt der satanischen Lüge: »Ihr [werdet] sein … wie Gott!« Wenn Satan uns dazu bringen kann, unabhängig vom göttlichen Willen zu handeln und zu denken, dann kann er unseren Willen und unser gesamtes Leben kontrollieren. Wir meinen, frei entscheiden zu können, aber das gehört zu Satans Verführung, denn in Wirklichkeit handeln wir unter der Herrschaft des Fürsten dieser Welt.

Wie wir in den vorigen Kapiteln gelernt haben, ist der Wille Gottes das Wichtigste im Leben eines Gläubigen. Darum versucht Satan als Verführer, uns in Bezug auf Gottes Willen im Unklaren zu halten. Und als Verderber will er uns gegenüber diesem Willen ungeduldig werden lassen. In beiden Fällen kann der Wille Gottes in unserem Leben nicht zur Auswirkung kommen. Aber selbst wenn es Satan nicht gelingt, unseren Geist anzugreifen, uns gedanklich irrezuführen und unseren Körper anzutasten, um uns ungeduldig zu machen, wird er versuchen, unseren Willen durch den Stolz zu beherrschen, sodass wir unabhängig von Gottes heiligem Willen denken und handeln.

Ich denke da an eine junge Frau, die mich wegen ihrer Hochzeit um Rat fragte. Ich tat in ihrer Gemeinde den Dienst eines Pastors und hatte sie davor gewarnt, einen Ungläubigen zu heiraten. Ihr Verlobter war kein Christ – ja, er war nicht einmal ein sehr angenehmer Mensch. Ich hatte sie auf Verse wie 2. Korinther 6,14-18 und 1. Korinther 7,39 hingewiesen, aber das interessierte sie nicht. Schließlich rief sie beim Verlassen meines Büros: »Es kümmert mich nicht, was Sie sagen, und auch nicht, was in der Bibel steht. Ich heirate ihn doch!« Und sie tat es auch. Das Letzte, was ich von ihr hörte, war, dass sie sich nicht mehr zur Gemeinde hielt und auch sonst nicht mehr Gott diente. Sie hat also sehr deutlich unabhängig von Gottes Willen gehandelt.

Wann immer wir in direktem Ungehorsam gegen Gottes Willen handeln, beweisen wir Stolz und Unabhängigkeit. Dabei muss es nicht immer um so wichtige Angelegenheiten wie eine Heirat gehen; es kann auch in Verbindung mit etwas sein, was wir für banal oder belanglos halten. *Für Gott ist aber alles in unserem Leben wichtig.* In seinem Wort gibt es Vorschriften, Grundsätze und Verheißungen, die uns den Weg weisen, wenn wir seinen Willen zu erkennen wünschen. Das bedeutet natürlich nicht, dass wir in dieser Beziehung zu blinden Fanatikern werden und völlig aufhören, unsere eigenen Entscheidungen auf der Grundlage vernünftiger Überlegungen und unter der Leitung des Heiligen Geistes zu treffen. Ich erinnere mich da an einen Mitstudenten im Seminar, der beinahe seinen Verstand verloren hatte, denn er betete dafür, was er zum Frühstück essen, über welche Kreuzung er gehen und welches Buch er als Nächstes für sein Studium verwenden sollte. Es kann Situationen in unserem Leben geben, wo das Beten wegen solcher Angelegenheiten von lebenswichtiger Bedeutung ist, aber gewöhnlich ist das nicht der Fall. Wenn wir mit dem Herrn unseren Weg gehen, lernen wir, seinen Willen auch bei Dingen zu erkennen, die verhältnismäßig unwichtig sind.

Gott hatte David ein Warnsignal in Form des Einwandes Joabs gegeben. Infolgedessen hätte er Buße tun und die Volkszählung absagen können, aber er hielt eigensinnig an seinem Weg fest. Die zunächst verborgene Sünde des Stolzes erhält sich selbst am Leben und wird letztendlich immer stärker. David hatte sich nicht der »Lust der Augen« schuldig gemacht (als er seine Augen nicht von Bathseba abwandte), auch nicht der »Lust des Fleisches« (als er Ehebruch mit ihr trieb), aber er hatte sich zum »Hochmut des Lebens« verleiten lassen (siehe 1Jo 2,15-17). Stolz bedeutet, unabhängig von Gott zu handeln oder – schlimmer noch – zu behaupten, Gott heiße die Verwirklichung unserer Pläne gut, die doch im Grunde nur selbstsüchtig sind. Gott wird so zu unserem himmlischen Sklaven, dem wir sagen, was er zu tun hat!

Ein Mann rief mich von weit her an, um mit mir über sein Problem zu sprechen. Er hatte mich im Radio gehört und meinte, ich könnte ihm vielleicht helfen. Er hatte ein schlechtes Geschäft am Aktienmarkt gemacht und eine Menge Geld verloren. Nun wollte er wissen, wie er aus der Klemme herauskam, in der er saß. Das Einzige, was ich ihm raten konnte, war, seine Sünde dem Herrn und allen eventuell Beteiligten zu bekennen und Gott um Gnade zu bitten, die er brauchte, um neu anzufangen. Er hatte unabhängig von Gottes Willen gehandelt, hatte die biblischen Warnungen vor Betrug und Diebstahl missachtet und litt nun unter den schmerzlichen Folgen. Wenn wir gegen Gott rebellieren und eigenmächtig handeln, so können wir nicht erwarten, dass er uns zu Hilfe eilt und uns rettet. Wohl vergibt uns Gott in seiner Gnade unsere Sünde, aber Gott bewahrt uns in seinem gerechten Regiment nicht vor den Folgen der Sünde. Wenn wir schuldig geworden sind, müssen wir tragen, was naturgemäß dabei herauskommt. *Es besteht keine Möglichkeit, der Tatsache zu entrinnen, dass wir ernten, was wir gesät haben*!

David wusste das, und das erklärt, warum er nicht versuchte, sich aus der Verantwortung zu stehlen, nachdem er einen solchen Schaden angerichtet hatte. 70 000 Israeliten starben! Gottes strafende Hand hatte sich gegen sein Volk gerichtet! Je höher ein Mensch in geistlicher Hinsicht steht, umso mehr werden seine Sünden anderen Leuten Schaden zufügen. Davids Ehebruch schadete seiner Familie und in gewissen Grenzen auch dem Volk, aber die Volkszählung wurde zu einer Katastrophe für die ganze Nation.

Eine der wichtigsten Lektionen, die ein Gläubiger lernen muss, besteht darin, dass er nicht unabhängig von Gott handeln darf. Er braucht Gottes Vorsorge, die ihn körperlich am Leben erhält, und er braucht Gottes Willen und Gottes Wort, um geistlich bestehen zu können. Erfolg, das Lob der Menschen und sogar der göttliche Segen – alles kann das Ego dermaßen aufblähen, dass wir meinen, allein und ohne Gott fertigwerden zu können. Von dem König Ussija sagt die Bibel:

> Und sein Name ging aus bis in die Ferne; denn wunderbar wurde ihm geholfen, bis er stark wurde. Und als er stark geworden war, erhob sich sein Herz, bis er zu Fall kam; und er handelte treulos gegen den HERRN, seinen Gott (2Chr 26,15-16).

Mose warnte das Volk Israel in ähnlicher Weise:

> Und es soll geschehen, wenn der HERR, dein Gott, dich in das Land bringt, das er deinen Vätern Abraham, Isaak und Jakob geschworen hat, dir zu geben … [so] hüte dich, dass du den HERRN nicht vergisst, der dich herausgeführt hat aus dem Land Ägypten, aus dem Haus der Knechtschaft (5Mo 6,10-12).

Da wundert es nicht, dass der Apostel Paulus über seinen Dorn im Fleisch froh war.

> Denn wenn ich schwach bin, dann bin ich stark (2Kor 12,10).

Hüten wir uns, wenn wir meinen, es geschafft zu haben! Passen wir auf, wenn wir uns für so bedeutend halten, dass wir denken, Gott käme ohne uns nicht weiter! Nehmen wir uns in Acht, wenn wir anfangen, Gott die Ehre zu rauben, die ihm allein gebührt!

Wie kann man sich aber dagegen verteidigen?

3.4 Unsere Verteidigung: **Der in uns wohnende Geist Gottes**

Stolz ist eine dermaßen starke Waffe, und Satan ist ein derart mächtiger Feind, dass uns nur eine noch stärkere Macht Sieg geben kann. Diese Macht ist der Heilige Geist Gottes.

> Daher, meine Geliebten, wie ihr allezeit gehorsam gewesen seid, nicht allein in meiner Anwesenheit, sondern jetzt viel mehr in meiner Abwesenheit, bewirkt euer eigenes Heil mit

> Furcht und Zittern; denn Gott ist es, der in euch wirkt sowohl das Wollen als auch das Wirken, zu seinem Wohlgefallen (Phil 2,12-13).

Nur der Heilige Geist Gottes, der in uns wirkt, kann unseren Willen beherrschen und uns befähigen, Gott wohlzugefallen.

»Bewirkt euer eigenes Heil« bedeutet nicht »arbeitet für euer eigenes Heil«. Das Heil ist eine freie Gabe, die durch das Blut Jesu Christi erkauft wurde. Das eigene Heil zu bewirken, bedeutet: Bringt euer Christenleben zur Vollendung, indem ihr in charakterlicher und verhaltensmäßiger Hinsicht verwirklicht, was Gott für euch vorgesehen hat. Das griechische Wort bedeutet, »etwas zum Ziel zu führen«, »etwas zur letzten Erfüllung bringen«. Gott hat einen eindeutigen Plan für jedes Leben, und wir sollen bereitwillig unseren Anteil übernehmen, um diesen göttlichen Plan zu erfüllen. Nach Epheser 2,8-10 gibt es drei »Werke«, die zu jedem Christenleben gehören:

> Denn durch die Gnade seid ihr errettet, mittels des Glaubens, und das nicht aus euch, Gottes Gabe ist es; nicht aus Werken, damit niemand sich rühme. Denn wir sind sein Werk, geschaffen in Christus Jesus zu guten Werken, die Gott zuvor bereitet hat, damit wir in ihnen wandeln sollen.

Das erste von Paulus genannte Werk ist die *Errettung*. Es ist das Werk, das Gott *für* uns tut. Dieses Werk wurde von Jesus Christus am Kreuz vollbracht.

> Ich habe dich verherrlicht auf der Erde; das Werk habe ich vollbracht, das du mir gegeben hast, dass ich es tun sollte (Joh 17,4).

> Als nun Jesus den Essig genommen hatte, sprach er: Es ist vollbracht! Und er neigte das Haupt und übergab den Geist (Joh 19,30).

> Er aber, nachdem er ein Schlachtopfer für Sünden dargebracht hat, hat sich auf immerdar gesetzt zur Rechten Gottes (Hebr 10,12).

Alles Weitere, was Gott in unserem Leben tut, basiert auf diesem vollbrachten Werk Christi.

Das zweite Werk ist *Heiligung*. Es ist das Werk, das Gott *in* uns tut. Die Errettung ist nur der Anfang; ihr müssen geistliches Wachstum und die Entfaltung des geistlichen Lebens folgen.

> Wachst aber in der Gnade und Erkenntnis unseres Herrn und Heilandes Jesus Christus (2Petr 3,18).

Das führt zum dritten Punkt. Das ist der *Dienst* – die Arbeit, die Gott *durch* uns tut. Gott wirkt *in* uns, damit er *durch* uns wirken und die Aufgaben vollenden kann, die er bereits *für* uns vorbereitet hat. Es ist ganz unnötig, dass wir etwas für Gott neu erfinden; er hat bereits einen vollständigen Plan für unser Leben und spezielle Werke, die er zu seiner Verherrlichung von uns getan haben will.

Wie wirkt Gott *in* uns? Durch seinen Heiligen Geist. Aber was müssen wir tun, damit der göttliche Geist in uns wirken kann? Die Antwort finden wir in zwei der bekanntesten Verse in der Bibel – Römer 12,1-2:

> Ich ermahne euch nun, Brüder, durch die Erbarmungen Gottes, eure Leiber darzustellen als ein lebendiges, heiliges, Gott wohlgefälliges Schlachtopfer, was euer vernünftiger Dienst ist. Und seid nicht gleichförmig dieser Welt, sondern werdet verwandelt durch die Erneuerung eures Sinnes, dass ihr prüfen mögt, was der gute und wohlgefällige und vollkommene Wille Gottes ist (Röm 12,1-2).

Der Heilige Geist kann in unserem Leben nur wirken, wenn die Bereiche des Leiblichen, des Denkens (hier als »Sinn« bezeichnet) und des Willens Gott unterworfen sind.

Aber genau das sind die Gebiete, die Satan angreifen möchte! Er möchte unseren *Leib* mit Leiden antasten, damit wir uns in Ungeduld gegen Gottes Willen auflehnen. Er will auch unseren *Geist* bzw. unsere Gedankenwelt angreifen und uns Lügen schmackhaft machen, damit uns Gottes Wille unbekannt bleibt, und er möchte durch Verführung zum Stolz unseren *Willen* angreifen, um uns von Gottes Willen unabhängig zu machen.

Wenn wir diese drei Bereiche unseres Lebens *täglich* dem Geist Gottes ausliefern, dann wird uns dieser göttliche Geist stark machen, um den Teufel zu besiegen. Als Geist der Gnade wird er uns für unseren Leib Gnade geben, damit wir imstande sind, Leiden zur Verherrlichung Gottes zu ertragen. Als Geist der Weisheit wird er uns Gottes Wort lehren und ins Gedächtnis rufen, wenn Satan uns mit Lügen angreift. Und als Geist der Kraft wird er uns unseren Willen stärken, sodass dieser zum Stolz »Nein!« sagen kann. Der Heilige Geist wird in uns und durch uns wirken, und so werden wir den Bösen überwinden.

Wir dürfen nie vergessen: Im Kampf gegen Satan können wir nur siegen, indem wir uns unterwerfen – Gott unterwerfen.

> Er gibt aber größere Gnade; deshalb spricht er: »Gott widersteht den Hochmütigen, den Demütigen aber gibt er Gnade.« Unterwerft euch nun Gott. Widersteht aber dem Teufel, und er wird von euch fliehen (Jak 4,6-7).

Ich möchte ganz praktisch werden, was die Unterwerfung des Christen angeht. Das Verb »darstellen« in Römer 12,1 bedeutet eine Unterwerfung, die ein für alle Mal gilt. Wenn wir hingegebene Christen sein wollen, ist es nicht nötig, dass wir bei möglichst allen Gemeindezusammenkünften anwesend ist. Stellen Sie sich vielmehr Gott dar – ein für alle Mal, und zwar mit Leib, Geist und Willen. Es ist aber gut, diese Unterwerfung zu Anfang eines jeden Tages zu erneuern. Wenn wir erwachen, sollten wir unseren Körper Gott bewusst und voller Glauben übergeben und das dann auch unter Beweis stellen, *indem wir aus dem Bett steigen.* Morgens diszipliniert aufzustehen, ist Teil eines geistlichen Sieges.

Als Nächstes sollten wir nach unserer Bibel greifen und unseren Geist – unsere Gedankenwelt bzw. unseren ganzen Sinn – Gott bringen, damit er diesen Bereich unseres Lebens geistlich erneuern kann. Es ist ja das Wort Gottes, das unseren Geist erneuert und umformt. Wenn wir nicht systematisch in der Bibel lesen, sollten wir damit anfangen. Ich lese gern die Bibel regelmäßig direkt von Anfang bis Ende durch, setze mir dabei aber kein Zeitlimit. Ich fange mit 1. Mose 1, Psalm 1 und Matthäus 1 an und lese dann weiter. Es gibt Tage, an denen ich nur über einige Verse nachdenke, und an anderen Tagen kann ich drei Kapitel lesen. Ich setze mich nicht unter Druck und versuche nicht, irgendwelche Rekorde aufzustellen. Meine Absicht besteht darin, über das Wort Gottes nachzusinnen, damit der Geist Gottes meinen Geist umformen und mir eine stärkere geistliche Ausrichtung geben kann.

Wenn wir unseren Körper Gott übergeben haben (und tatsächlich aufgestanden sind) und auch unseren Geist ihm ausgeliefert haben (durch das Nachdenken über Gottes Wort), ist unser nächster Schritt, ihm unseren Willen zu bringen; und das tun wir im Gebet. Das Wort Gottes und das Gebet gehören immer zusammen.

> Wir aber werden im Gebet und im Dienst des Wortes verharren (Apg 6,4).

> Wenn ihr in mir bleibt und meine Worte in euch bleiben, so werdet ihr bitten, um was ihr wollt, und es wird euch geschehen (Joh 15,7).

Wenn wir nur das Wort Gottes ohne Gebet lesen, dann haben wir Licht, aber keine Wärme; wenn wir uns aber nur dem Gebet widmen, ohne uns gleichzeitig dem Wort Gottes zuzuwenden, stehen wir in der Gefahr, fanatisch zu werden. Dann haben wir Wärme, aber kein Licht – oder »Eifer … aber nicht nach Erkenntnis« (Röm 10,2). Das Wichtigste beim Beten ist, dass wir bei allen Gebetsanliegen unseren Willen dem göttlichen Willen ausliefern.

Mit diesen drei Schritten haben wir uns völlig dem Herrn unterworfen, und zwar mit Körper, Geist und Willen. Dann kann der Geist Gottes in uns wirken und uns Sieg verleihen, wobei er dazu das Wort Gottes benutzt.

> Und darum danken auch wir Gott unablässig dafür, dass ihr, als ihr von uns das Wort der Kunde Gottes empfingt, es nicht als Menschenwort aufnahmt, sondern, wie es wahrhaftig ist, als Gottes Wort, das auch in euch, den Glaubenden, wirkt (1Thes 2,13).

> Dem aber, der über alles hinaus zu tun vermag, über die Maßen mehr, als was wir erbitten oder erdenken, nach der Kraft, die in uns wirkt … (Eph 3,20).

Wenn Gottes Geist in uns am Werk ist, erzeugt er *Demut* und nicht Stolz. Demut bedeutet nicht, ungebührlich gering von sich zu denken (»Ich bin nichts wert; ich kann nichts.«); Demut bedeutet, überhaupt nicht an sich selbst zu denken! Der Christ muss ehrlich gegenüber sich selbst und gegenüber Gott sein. Darum steht auch Römer 12,3 in der Bibel:

> Denn ich sage durch die Gnade, die mir gegeben worden ist, jedem, der unter euch ist, nicht höher von sich zu denken, als zu denken sich gebührt, sondern so zu denken, dass er besonnen sei, wie Gott einem jeden das Maß des Glaubens zugeteilt hat (Röm 12,3).

Als Gott Mose berief, nach Ägypten zu gehen, um Israel zu befreien, diskutierte Mose mit Gott. Er führte als Argument ins Feld, er sei kein redegewandter Mann und könne darum den Auftrag nicht ausführen. War das Demut bei Mose? Natürlich nicht! Es war Stolz – ja, es war die schlimmste Art von Stolz: falsche Demut. Ein Mensch, der wirklich demütig ist, hat folgende Merkmale: 1. Er kennt sich selbst. 2. Er nimmt sich als solcher an. 3. Er unterwirft sich Gott. 4. Er versucht, das zugeteilte Maß des Glaubens auszuschöpfen, um Gott besser dienen zu können. Demütige Leute wissen, dass alles, was sie haben, von Gott kommt und ihm zurückgegeben werden muss. So sagte Johannes der Täufer:

> Ein Mensch kann gar nichts empfangen, wenn es ihm nicht aus dem Himmel gegeben ist (Joh 3,27).

Und Paulus wiederholt diese Wahrheit:

> Denn wer gibt dir einen Vorrang? Was aber hast du, das du nicht empfangen hast? Wenn du es aber auch empfangen hast, was rühmst du dich, als hättest du es nicht empfangen? (1Kor 4,7; RELB).

Sich seiner Gaben zu rühmen, ist Sünde, denn Gott hat sie uns gegeben, und wir können uns ihrer nicht rühmen. Aber seine Gaben zu *verleugnen*, ist ebenfalls Sünde. Wir müssen unsere Gaben annehmen und sie zur Ehre Gottes bestätigen, indem wir sie einsetzen. Wir dürfen nicht höher von uns denken, als uns zusteht, aber genauso wenig sollten wir *geringer* von uns denken, als es angemessen ist!

Wenn also Satan kommt und unseren Willen mit Stolz angreifen will, sollten wir uns augenblicklich dem Heiligen Geist ausliefern, damit er Demut in uns bewirkt und wir uns Gott unterwerfen. Wir dürfen nicht versuchen, über unsere Gaben hinauszugehen oder das uns geschenkte Maß des Glaubens beim Einsatz dieser Gaben größer erscheinen zu lassen, als es in Wirklichkeit ist. Satan kann *geistliche* Dinge benutzen, uns stolz zu machen – etwa die Fähigkeit, das Wort Gottes zu predigen und zu lehren, oder unser Gebetsleben bzw. unseren Erfolg beim Zeugnisgeben und Seelengewinnen.

Die Geschichte mag erfunden sein, aber sie illustriert diesen Punkt sehr schön: Ein berühmter christlicher Geschäftsmann besuchte eine Gemeinde und wurde um ein Grußwort gebeten. Er ließ sich dazu hinreißen, davon zu reden, was Gott alles für ihn getan hatte. »Ich betreibe ein erfolgreiches Geschäft, besitze ein großes Haus und habe eine wunderbare Familie, einen bekannten Namen und genug Geld, um alles zu tun, was ich will. Darüber hinaus kann ich noch etwas für christliche Werke spenden. Ich habe Gesundheit und unzählige weitere Möglichkeiten. Es gibt viele Leute, die gern mit mir tauschen würden. Was könnte Gott mir noch geben?« Hinten aus dem Auditorium rief eine Stimme: »Eine gehörige Portion Demut!«

> Demütigt euch vor dem Herrn, und er wird euch erhöhen (Jak 4,10).

4

Der Verkläger

Ein alttestamentliches Beispiel: **Josua**

> Und ich hörte eine laute Stimme in dem Himmel sagen: Nun ist das Heil und die Macht und das Reich unseres Gottes und die Gewalt seines Christus gekommen; denn hinabgeworfen ist der Verkläger unserer Brüder, der sie Tag und Nacht vor unserem Gott verklagte (Offb 12,10).

> Wem ihr aber etwas vergebt, dem vergebe auch ich … damit wir nicht vom Satan übervorteilt werden; denn seine Gedanken sind uns nicht unbekannt (2Kor 2,10-11).

> Denn die Betrübnis Gott gemäß bewirkt eine nie zu bereuende Buße zum Heil; die Betrübnis der Welt aber bewirkt den Tod (2Kor 7,10).

Nehmen wir an, dass ein Gläubiger keinen Gewinn aus der siegreichen Stellung in Christus zieht. Nehmen wir an, dass er sich weigert, die bereitgestellten geistlichen Verteidigungswaffen anzuwenden. *Nehmen wir an, ein Gläubiger sündigt*. Was dann?

Viele meinen dann, dass Satan, nachdem er diese Person zur Sünde verleitet hat, diese nun die Folgen spüren lässt. Aber gerade das geschieht nicht. Satan hat eine noch schlauere Kriegslist, durch die er diesen ungehorsamen Christen *doppelt besiegen* kann. Wir lesen darüber in Sacharja 3,1-7:

> Und er ließ mich den Hohenpriester Josua sehen, der vor dem Engel des HERRN stand; und der Satan stand zu seiner Rechten, ihm zu widerstehen. Und der HERR sprach zum Satan:

Der HERR schelte dich, Satan! Ja, der HERR, der Jerusalem erwählt hat, schelte dich! Ist dieser nicht ein Brandscheit, das aus dem Feuer gerettet ist?

Und Josua war bekleidet mit schmutzigen Kleidern und stand vor dem Engel. Und der Engel hob an und sprach zu denen, die vor ihm standen, und sagte: Zieht ihm die schmutzigen Kleider aus; und zu ihm sprach er: Siehe, ich habe deine Ungerechtigkeit von dir weggenommen, und ich kleide dich in Feierkleider. Und ich sprach: Man setze einen reinen Kopfbund auf sein Haupt. Und sie setzten den reinen Kopfbund auf sein Haupt und zogen ihm Kleider an; und der Engel des HERRN stand dabei.

Und der Engel des HERRN bezeugte Josua und sprach: So spricht der HERR der Heerscharen: Wenn du in meinen Wegen wandeln und wenn du meinen Dienst versehen wirst, so sollst du sowohl mein Haus richten als auch meine Vorhöfe behüten; und du sollst ein- und ausgehen unter diesen, die hier stehen.

4.1 Satans Zielscheibe: **Unser Herz und unser Gewissen**

Diese Szene spielt sich im Unterschied zu den drei anderen im Himmel ab. Es geht zu wie in einem Gerichtssaal: Gott ist der Richter, der Hohepriester Josua ist der Angeklagte, und Satan ist der Ankläger, der versucht, Josuas Schuld zu beweisen. Es scheint, als ob Satan einen Grund hat, denn Josua trägt schmutzige Kleider, und der Hohepriester musste immer rein gekleidet sein. Der Prophet Sacharja hatte diese Vision zu einer Zeit, als das Volk Israel gegen den HERRN gesündigt hatte. Das Volk war nach der Babylonischen Gefangenschaft in das Land Israel zurückgekehrt, und es bestand die Hoffnung, dass die Angehörigen des Volkes nun Gott gehorchen und ihm dienen würden. Aber leider hatten sie ihre Lektion nicht gelernt. Wenn wir in den Büchern Esra und Nehemia lesen und uns auch mit den Propheten Sacharja, Haggai und Maleachi beschäftigen, so entdecken wir, dass viele jüdische Männer nach der Entlassung ihrer rechtmäßigen Frauen Heidinnen geheiratet hatten, dass die jüdischen Kaufleute von ihren Brüdern entsetzlich hohe Zinsen verlangten und dass sogar die Priester Gott beraubten und die besten Opfertiere für sich behielten.

Das erklärt, warum Josuas priesterliche Gewänder schmutzig waren. Er repräsentierte das Volk vor Gott, und die Angehörigen des Volkes sündigten. Satan wusste, dass sie sündig waren, und er verlangte von Gott, dass Israel gerichtet werden sollte. Wir können uns Satans Argumente vorstellen:

Er verwies auf Israel, das Volk der Knechte Gottes, und führte ins Feld, dass sie eine rebellische und ungehorsame Nation wären. Gott hätte sie in Babylon gezüchtigt in der Hoffnung, sie würden dort Gehorsam lernen. Doch nun wären sie durch Gottes Güte in ihr Land zurückgekehrt – und jetzt seien sie schon wieder gegen ihren Gott ungehorsam gewesen! Gott sei ein heiliger Gott, und von den Israeliten erwarte man, dass sie sich als ein heiliges Volk erwiesen. Wenn Gott von seinem Wesen her heilig und gerecht sei, dann müsse er Israel verurteilen. Wenn er es nicht verurteile, dann entspräche er nicht seinem eigenen Wesen und seinem eigenen Gesetz. Israel sei schuldig!

Wie hat sich wohl Josua während dieser ganzen Verhandlung gefühlt? Gewiss war sein Herz gebrochen, und sein Gewissen wurde gepeinigt. Was konnte er zu seiner Verteidigung vorbringen?

Wenn wir – Sie und ich – gegen Gott ungehorsam gewesen sind, holt Satan zu diesem entscheidenden Schlag aus. Er greift unser Herz und unser Gewissen an. »Also du bist ein Christ?«, spottet er. »Auf jeden Fall bist du kein guter Christ! Du gehst zum Gottesdienst, du liest deine Bibel, du versuchst sogar, dem Herrn zu dienen. Und jetzt sieh dir an, was du gemacht hast! Wenn deine Freunde in der Gemeinde wüssten, was für ein Kerl du wirklich bist, hätten sie dich schon längst hinausgeworfen!«

Da kann man sehen, wie raffiniert und unbarmherzig Satan ist. *Bevor* wir sündigen und während er uns versucht, flüstert er: »Das kommt niemals heraus!« Dann, nach dem Sündigen, schreit er uns zu: »Das wirst du *niemals* wieder los!«

Haben wir seine hässliche Stimme vielleicht schon in Herz und Gewissen vernommen? Das reicht allemal, um einen Christen in Verzweiflung zu stürzen!

4.2 Satans Waffe: **Anklagen**

Wenn Satan über Gott spricht, dann lügt er. Aber wenn er vor Gott über uns spricht, sagt er mitunter die Wahrheit! Er ist der »Verkläger unserer Brüder«. Noch hat er Zutritt zum Himmel, bis hin zum Thron Gottes; und da erinnert er Gott an das Verhalten seiner Heiligen. Wir wissen alle um diese Anklagen, weil wir sie in Herz und Gewissen spüren.

Er klagte Abraham an, der wegen seiner Frau gelogen hatte.

Er klagte David an, der Ehebruch mit der Frau seines Nachbarn begangen *und dann dafür gesorgt hatte, dass ihr Ehemann umkam*! Deshalb drängte er auf eine Verurteilung.

Er klagte Petrus an, der geschworen und geflucht und den Sohn Gottes dreimal verleugnet hatte. Das könne Gott ihm doch nicht durchgehen lassen!

Es ist wichtig, dass wir zwischen Satans Anklagen und den Überführungen durch den Heiligen Geist zu unterscheiden lernen. Es ist gut, wenn man Schuld und Scham empfindet, *falls dies von Gottes Geist ausgeht*. Wenn wir aber auf den Teufel hören, führt das nur zu Zerknirschung, Gewissensbissen und Niederlagen.

Wenn der Heilige Geist uns überführt, so benutzt er das Wort Gottes in Liebe und versucht, uns in die Gemeinschaft mit dem Vater zurückzubringen. Wenn Satan uns verklagt, benutzt er dazu unsere eigenen Sünden auf schändliche Weise, und er versucht, uns hilf- und hoffnungslos zu machen. Judas hörte auf den Teufel, bevor er hinging und sich erhängte. Petrus blickte in das Angesicht Jesu und weinte bitterlich, aber später kehrte er in die Nachfolge Christi zurück.

Wenn wir auf die Anklagen Satans hören (die allesamt wahr sein mögen), geraten wir in Verzweiflung und geistliche Lähmung.

»Meine Lage ist aussichtslos!«, hörte ich mehr als einen Christen sagen. »Ich bin viel zu weit gegangen, der Herr kann mich auf keinen Fall wiederaufnehmen.« Wer diese Hilf- und Hoffnungslosigkeit verspürt, kann sicher sein, dass der Satan ihn verklagt.

4.3 Satans Absicht: **Er will, dass wir uns von Gott verurteilt fühlen**

Satan will, dass wir uns schuldig fühlen. Er will, dass wir Zerknirschung und Gewissensbisse empfinden, *aber nicht, dass wir zur Buße kommen.* Er will, dass wir uns selbst anklagen und unsere Aufmerksamkeit auf uns und auf unsere Sünden richten. Wenn wir nur einmal im Glauben von uns wegschauten und auf Jesus Christus blickten, würden wir Buße tun, unsere Sünden bekennen und Reinigung sowie Wiederherstellung unserer Gemeinschaft mit ihm erleben. Solange wir uns schuldig fühlen, stehen wir unter Anklage und entfernen uns immer weiter von dem Herrn. Wahre Überführung kommt von dem Heiligen Geist und bringt uns näher zum Herrn.

Ich denke an den Anruf einer gläubigen Frau, die mehrere Jahre unter Schuldgefühlen litt. Sie hatte von mir im Radio gehört und bat mich telefonisch um Hilfe. Ich weiß ihren Namen nicht, aber ich weiß sehr wohl, dass ihr Fall typisch für viele Christen ist.

»Als Teenager«, so sagte sie, »geriet ich in manche ziemlich böse Sünden. Einige Jahre später wurde ich errettet. Jetzt bin ich verheiratet und habe eine Familie. Neulich bat mich der Pastor, eine Sonntagsschulklasse zu übernehmen, und das hätte ich auch gern getan, aber meine Vergangenheit macht mir immer noch zu schaffen. Man hat mich früher schon gefragt, und ich fand immer irgendwelche Ausreden. Muss ich das bis an mein Lebensende so weitermachen?«

Ich bat sie, ihre Bibel zu holen, und gemeinsam lasen wir (am Telefon) die Verse, die wir im nächsten Kapitel dieses Buches untersuchen wollen. Es dauerte nicht lange, bis sie sich über das freuen konnte, was Gott in seinem Wort denen zusagt, die gläubig sind, aber von Schuldgefühlen gequält werden. Das hat ihr sehr weitergeholfen.

Satan will, dass wir uns schuldig fühlen. Unser himmlischer Vater will uns wissen lassen, dass er uns vergeben hat. Wenn wir unter einer finsteren Wolke von Schuldgefühlen leben, sind wir zum Zeugnis unbrauchbar und können auch nicht mit Kraft und im Segen dienen. Satan weiß das. Leider gibt es Gemeinden, in denen die Schuldgefühle verstärkt werden. Wenn die Christen nicht mit Schuldgefühlen aus dem Gottesdienst nach Hause gehen – so scheint man dort zu meinen –, dann sei der Gottesdienst ohne Segen gewesen. »Jedes Mal, wenn wir zum Gottesdienst gehen«, so schrieb mir eine Dame, »bekommen wir von dem Prediger eine ordentliche Tracht verbaler Prügel. Was sollen wir tun?« Natürlich hat eine geistliche Ermahnung ihren Platz im Gottesdienst, aber Schuldgefühle zu verstärken, ist nicht richtig. Wer das trotzdem tut, spielt dem Teufel direkt in die Hände.

Paulus hatte eine solche Situation in der Gemeinde zu Korinth. Eines der Gemeindeglieder war in Sünde gefallen und hatte sich geweigert, Buße zu tun und die entsprechenden Angelegenheiten vor Gott und der Gemeinde in Ordnung zu bringen. In 1. Korinther 5 wies Paulus die Verantwortlichen der Gemeinde an, den betreffenden Mann der Gemeindezucht zu unterwerfen, was sie offensichtlich auch taten. Darauf schrieb Paulus:

> Genügend ist einem solchen diese Strafe, die von den Vielen ist (2Kor 2,6).

Anfangs, als diese Sünde entdeckt wurde, waren die Gläubigen in Korinth ziemlich gleichgültig und wollten nicht handeln. Der Brief des Paulus schreckte ihr Gewissen auf, aber dann fielen sie ins andere Extrem und machten es dem Übertreter sehr schwer, indem sie nicht vergeben wollten! Darum musste Paulus sie ermahnen:

> … sodass ihr im Gegenteil vielmehr vergeben und ermuntern solltet, damit nicht etwa ein solcher durch die übermäßige Traurigkeit verschlungen werde. Darum ermahne ich euch,

> ihm gegenüber Liebe zu üben … damit wir nicht vom Satan übervorteilt werden; denn seine Gedanken sind uns nicht unbekannt (2Kor 2,7-8.11).

Übermäßige Schuldgefühle und allzu großer Kummer können nur dazu führen, dass der Betreffende niedergedrückt und verzweifelt ist und das Gefühl hat, ein Versager zu sein. Manchmal führen sie bis zu einer geistlichen Katastrophe. Sogar von Christen ist bekannt, dass sie Selbstmordversuche unternahmen, um den teuflischen Anklagen zu entkommen.

Was ist dann aber unsere Verteidigungswaffe gegen Satans Anklagen?

4.4 Unsere Verteidigung: **Der Sohn Gottes, der sich für uns verwendet**

Es ist wahr: Satan steht zu unserer Rechten, um uns zu widerstehen und anzuklagen. Aber ebenso wahr ist es, dass Jesus Christus *zur Rechten Gottes* ist, um Fürsprache für uns einzulegen!

> Meine Kinder, ich schreibe euch dies, damit ihr nicht sündigt; und wenn jemand gesündigt hat – wir haben einen Sachwalter bei dem Vater, Jesus Christus, den Gerechten (1Jo 2,1).

Unser Herr hat das Werk *auf Erden* vollbracht und ist dann zum Vater zurückgekehrt, um das ihm aufgetragene Werk *im Himmel* zu vollenden. Worin besteht dieses Werk? Es umfasst seine Bemühungen, Gottes Kinder vollkommen zu machen und sie für die Herrlichkeit vorzubereiten.

> Der Gott des Friedens aber, der aus den Toten wiederbrachte unseren Herrn Jesus, den großen Hirten der Schafe, in dem Blut des ewigen Bundes, vollende euch in jedem guten Werk, damit ihr seinen Willen tut, in euch das bewirkend, was vor

> ihm wohlgefällig ist, durch Jesus Christus, dem die Herrlichkeit sei von Ewigkeit zu Ewigkeit! (Hebr 13,20-21).

Dieser Vollendungsdienst hat zwei Aspekte: Als unser Hoherpriester verwendet sich Jesus Christus für uns und gibt uns die Gnade, die wir brauchen, wenn wir geprüft und versucht werden. Wenn wir uns im Glauben zu ihm wenden und zum Thron der Gnade kommen, wird er uns zum Sieg verhelfen. Aber wenn wir den Versuchungen erliegen und sündigen, dann dient er uns als unser Sachwalter, damit uns vergeben und unsere Gemeinschaft mit ihm wiederhergestellt wird.

> Wenn wir unsere Sünden bekennen, so ist er treu und gerecht, dass er uns die Sünden vergibt und uns reinigt von aller Ungerechtigkeit (1Jo 1,9).

Stellen wir uns wieder die Gerichtsszene im Himmel vor. Gott ist der Richter und sitzt auf seinem Thron. Josua, der Hohepriester, steht vor Gott und ist in schmutzige Kleider gehüllt. Er ist schuldig. Satan steht zur Rechten Josuas, um ihm zu widerstehen und ihn anzuklagen. *Aber Jesus Christus ist zur Rechten Gottes, indem er Josua vertritt und ihn wiederherstellt!* Das erklärt, warum Jesus mit Wunden (nicht Narben) an seinem Körper in den Himmel zurückgekehrt ist. Diese Wunden sind der ewig gültige Beweis dafür, dass er für uns gestorben ist. Gott war barmherzig und gnädig, als er uns errettete, weil wir bei unserer Bekehrung unser Vertrauen auf Christus setzten, aber er ist jetzt »treu und gerecht«, dass er uns vergibt, wenn wir ihm unsere Sünden bekennen. Er ist *treu*, weil er sein Versprechen hält, und er ist *gerecht*, weil Christus für unsere Sünden gestorben ist und den Preis für unsere Begnadigung bezahlt hat. Als Sünder wurden wir durch Gottes Barmherzigkeit und Gnade vom Zorn errettet. Als Gotteskindern, die ihm ungehorsam gewesen sind, wird uns wegen seiner Treue und Gerechtigkeit vergeben.

Hat Gott seine Augen vor den Sünden Josuas verschlossen? Nein, ganz gewiss nicht! Gott wird niemals die Sünden seiner Kinder verteidigen, *aber er wird seine Kinder verteidigen.* Als Abraham ungehorsam war und nach Ägypten hinabzog und dort wegen seiner Frau log, hat Gott Abrahams Sünde nicht verteidigt, aber er hat sehr wohl Abraham als Person verteidigt. Er hielt den Pharao davon ab, Sara anzutasten, und er half Abraham, sicher aus dem Land zu kommen. Doch Abraham musste die Folgen seines Ungehorsams tragen, denn Ägypten ließ Lot Geschmack an der Welt finden, und dies führte dazu, dass Lot sich immer weiter von Gott entfernte und letztendlich vor dem Ruin seines geistlichen Lebens stand. Die ägyptische Magd, Hagar, die Sara dort geschenkt wurde, brachte Probleme in die Zelte Abrahams und musste schließlich hinausgestoßen werden.[14] Aber Gott stand über dem ganzen Geschehen und behielt in allem die Oberhand, um seine Absichten mit Abraham und Sara zum Ziel zu führen.

Wenn wir auf Satans Anklagen hören, richten wir unsere Blicke nur auf uns selbst und auf unsere Sünden, und das führt zu nichts anderem als zu Verzagtheit und Verzweiflung. Wenn wir aber auf die Stimme des Heiligen Geistes hören, der uns überführen und dann zurechtbringen will, werden wir im Glauben das Angesicht Jesu Christi im Himmel anschauen. Er ist unser Sachwalter am Thron Gottes. Wir erinnern uns daran, dass er für uns gestorben ist und dass Gott uns nicht verwerfen kann, denn wir gehören zu Christus. Nur weil der Sohn Gottes uns im Himmel vertritt, können wir – Sie und ich – die Anklagen Satans überwinden.

Beachten Sie die Phasen, um die es bei den Erfahrungen geht, die der Hohepriester Josua machte. Zuerst ist da *Satans Widerstand.* Der Ankläger steht vor dem Thron Gottes und zählt Josuas Sünden auf. Dann ruft er nach dem heiligen Richter über Josua. Zweite Phase: *Gott weist Satan zurück.*

> Und der HERR sprach zum Satan: Der HERR schelte dich, Satan! Ja, der HERR, der Jerusalem erwählt hat, schelte dich!

---

14 A. d. H.: Hier muss allerdings Folgendes angemerkt werden: Die Probleme in Zusammenhang mit Hagar gingen letztlich darauf zurück, dass Abraham der Erfüllung der göttlichen Verheißung »nachhelfen« wollte, als er mit Hagar einen Sohn namens Ismael zeugte. Dass Hagar seit der Rückkehr aus Ägypten zu Abrahams Haus gehörte, lässt sich aus 1. Mose 12,16 ableiten.

Ist dieser nicht ein Brandscheit, das aus dem Feuer gerettet ist? (Sach 3,2).

Wir sollten beachten, dass sich die Zurückweisung Satans auf *Gottes Gnade seinem Volk* gegenüber gründet. Wir sind durch Gnade errettet. Und Gottes Gnade ist nicht von menschlichen Verdiensten abhängig. Jesus Christus ging durch das Feuer des Gerichts, damit er uns als Brandscheite aus diesem Feuer retten konnte. Unsere Beziehung zu Gott ist weder auf Gesetz noch auf Verdienste gegründet, sondern einzig auf seine Gnade. Diese Gnade bedeutet, dass Gott uns in Jesus Christus annimmt, jedoch nicht um unsertwillen.

Die dritte Phase ist *Josuas Wiederherstellung*. Gott befahl, dem Hohenpriester die schmutzigen Kleider auszuziehen und ihm heilige Kleider anzulegen. Er gebot sogar, ihm den »heiligen Kopfbund« aufs Haupt zu setzen. Dabei ging es um jenen Kopfbund, an dessen Vorderseite auf einer Goldplatte stand: »Heilig dem HERRN« (siehe 2Mo 28,36). Gott nahm Josua nicht auf Probe an! Er gab ihm vielmehr den Auftrag, zum Tempel zurückzukehren und seinen Dienst für den Herrn dort fortzusetzen!

Widerstand gegen den Angeklagten – Zurückweisung des Anklägers – Wiederherstellung des Angeklagten: Das sind die Phasen, die auch wir erleben, wenn wir unsere Sünde bekennen und in die Gemeinschaft mit Gott zurückkehren. Satan wird uns wieder anklagen, aber wir sollten nicht auf ihn hören. Lassen Sie uns im Glauben auf Jesus Christus, unseren Sachwalter, blicken und ihm unsere Sünden bekennen. Dann sollten wir uns auf das verlassen, was Gottes Wort sagt, und von unseren Gefühlen unabhängig werden. So können wir in Gottes Gnade ruhen – er hat uns erwählt, und er wird uns nicht verlassen. Charles Wesley hat das in einem wunderbaren Choral so gesagt:

Gibt es Gnade für mich noch?
Wie oft schmähte ich Dich doch!
Warum werde ich belohnt,
dass Gott mich, den Sünder, schont?

Lang blieb ich im Widerstand,
schlug auf Seine Gnadenhand,
hörte nicht Sein ernstes Wort,
quälte Ihn in einem fort.

Mach mich ehrlich, bußbereit;
meine Sünden tun mir leid,
und den Aufstand gegen Dich
reuevoll beweine ich.

Rettung bleibst Du unverwandt,
reichst mir die durchbohrte Hand!
Gott, Du liebst! Ich fühl es doch,
Jesus weint und liebt mich noch.[15]

Nicht eingestandene Sünden bilden einen Brückenkopf für Satan. Eine solche Sünde kann er zum Ausgangspunkt für weitere Versuchungen machen. Je länger er uns anklagt, umso größer wird eine derartige Sünde in unseren Augen werden. Sie nimmt solche Ausmaße an, dass wir das Angesicht Gottes nicht mehr sehen und seine Gnade sowie Liebe unseren Blicken entzogen ist. Andererseits verspüren wir keine Überführung, die uns zu Gott zurückbringt; stattdessen fühlen wir uns verdammt und lassen uns immer mehr von der Überzeugung beherrschen, nicht zu Gott zurückkehren zu können. Schuld wird in Satans Händen zu einer schrecklichen Waffe, die unsere Freude, unseren Frieden und unsere Gemeinschaft mit Gott zerstört. Unsere Hoffnung schwindet. Wir werden von Verzweiflung übermannt, und dann sagt uns Satans Stimme: »Sage dich los von Gott und stirb!«

Auf diese Stimme Satans sollten wir niemals hören! Stattdessen müssen wir uns dem Wort Gottes zuwenden und glauben, was Gott sagt. Dann dürfen wir gewiss sein, dass unser Sachwalter und Fürsprecher im Himmel nur darauf wartet, uns zu vergeben und uns

---

15 A. d. H.: Deutsche Nachdichtung: Hermann Grabe.

wiederherzustellen. Sünden zu dulden oder ein Sündenbekenntnis hinauszuschieben, gibt dem Satan nur die Gelegenheit, Schaden in unserem Leben und Dienst anzurichten.

> Wer seine Übertretungen verbirgt, wird kein Gelingen haben; wer sie aber bekennt und lässt, wird Barmherzigkeit erlangen (Spr 28,13).

Rückblick und Vorschau

Bis hierher sind wir vier Personen aus dem Alten Testament begegnet, die in einer persönlichen Konfrontation mit Satan standen. An diesem Punkt angekommen, ist es vielleicht ein guter Gedanke, die bisher gelernten Schlüsselwahrheiten Revue passieren zu lassen. Die folgende Tabelle kann dabei behilflich sein.

In den weiteren Kapiteln werden wir uns mit anderen Wahrheiten über Satan beschäftigen, die mit verschiedenen Gebieten unseres Lebens zu tun haben, wie mit Familie, Gemeinde, Leben im Glauben usw.

Diese Kapitel basieren auf dem Material, das wir bereits untersucht haben. Sie sollen dazu helfen, diese Wahrheiten auf das tägliche Leben und auf den Dienst der Gläubigen anzuwenden.

Beispiele aus dem Alten Testament

Person	Eva	Hiob	David	Josua
Satans Zielscheibe	der Geist	der Körper	der Wille	Herz und Gewissen
Satans Waffe	Lügen	Leiden	Stolz	Anklagen
Satans Absicht	Wir sollen Gottes Willen nicht mehr erkennen können.	Wir sollen uns gegen Gottes Willen auflehnen.	Wir sollen uns von Gottes Willen unabhängig machen.	Wir sollen uns von Gott verurteilt fühlen.
Unsere Verteidigung	das inspirierte Wort Gottes	die uns verliehene Gnade Gottes	der Heilige Geist, der in uns wohnt	der Sohn Gottes, der sich für uns verwendet

5

Das Leben im Glauben an Gott

In dieser Welt leben alle im Glauben. Der Unterschied zwischen Christen und Ungläubigen besteht nicht darin, *dass die einen glauben und die anderen nicht*, sondern darin, *um wen es bei ihrem Glauben geht*. Nicht Errettete verlassen sich auf sich selbst oder auf andere Menschen, während Christen auf Gott vertrauen. Der Glaube an Gott ist das Geheimnis unseres Sieges, auch in unserem Dienst. Wer in irgendeiner Hinsicht daran zweifelt, dass der Glaube bei Gott einen hohen Stellenwert hat, sollte Hebräer 11 lesen. Ja, eines der größten Probleme, die Gott mit seinen Kindern hat, ist die Entfaltung ihres Glaubens.

Satan weiß das, und darum greift er den Glauben der Kinder Gottes an. Die Worte des Paulus an die jungen Christen in Thessalonich beleuchten diesen Punkt:

> Deshalb, da wir es nicht länger aushalten konnten, gefiel es uns, in Athen allein gelassen zu werden, und wir sandten Timotheus, unseren Bruder und Mitarbeiter Gottes in dem Evangelium des Christus, um euch zu befestigen und zu trösten hinsichtlich eures Glaubens … Darum habe ich ihn auch, da ich es nicht länger aushalten konnte, gesandt, um euren Glauben zu erfahren, ob nicht etwa der Versucher euch versucht habe und unsere Arbeit vergeblich gewesen sei. Jetzt aber, da Timotheus von euch zu uns gekommen ist und uns die gute Botschaft von eurem Glauben und eurer Liebe verkündet hat und dass ihr uns allezeit in guter Erinnerung habt, indem euch sehr verlangt, uns zu sehen, wie auch uns euch: deswegen, Brüder, sind wir in all unserer Not und Drangsal euretwegen getröstet worden durch euren Glauben … indem wir Nacht und Tag über die Maßen flehen, dass wir euer Angesicht

sehen und vollenden mögen, was an eurem Glauben mangelt (1Thes 3,1-2.5-7.10).

Nach Römer 1,17 wird von den Christen erwartet, dass sie »aus Glauben zu Glauben« fortschreiten. Wenn wir das Leben Abrahams in 1. Mose 12 – 25 betrachten, erkennen wir, dass Gott alles, was er tat, zur Vervollkommnung des Glaubens Abrahams geschehen ließ. Das ist ein geistliches Prinzip.

Euch geschehe nach eurem Glauben (Mt 9,29).

Wann immer Gott in oder durch uns wirkt, geschieht das stets im Einklang mit unserem Glauben. Was das Wirken Gottes in unserem Leben behindert, ist nicht ein Mangel an Kraft, sondern ein Mangel an Glauben bei seinen Kindern.

Und er tat dort nicht viele Wunderwerke wegen ihres Unglaubens (Mt 13,58).

Das führt zu der wichtigen Frage: »Wie kann ein Gläubiger *wissen*, dass er im Glauben lebt?« Allzu leicht lassen wir uns durch unsere eigenen Gefühle täuschen (»*Mir schien es recht zu sein,* dies zu tun.«). Vielleicht lassen wir uns auch durch die Verhältnisse rings um uns her oder durch Satan und seine dämonischen Mächte in die Irre führen. Gibt es irgendwelche Tests, die der Gläubige auf seine Entscheidungen und Handlungen anwenden könnte, um herauszufinden, ob er im Glauben wandelt oder nicht?

Ja, es gibt vier praktische Tests.

Test 1: Tue ich das zur Verherrlichung Gottes oder nur zu meinem eigenen Vergnügen?

… und [er] zweifelte nicht an der Verheißung Gottes durch Unglauben, sondern wurde gestärkt im Glauben, Gott die Ehre gebend (Röm 4,20).

Abraham und Sara waren längst über das Alter hinaus, in dem sie hätten Eltern werden können, und doch verhieß Gott ihnen einen Sohn. Ich meine, es war F. B. Meyer, der sagte: »Du vertraust Gott erst dann wirklich, wenn du ihm das Unmögliche zutraust.« Dass Abraham einen Sohn zeugen und Sara einen Sohn bekommen konnte, war tatsächlich *ohne Gott* unmöglich.

> Denn bei Gott wird kein Ding unmöglich sein (Lk 1,37).

> Bei Menschen ist dies unmöglich, bei Gott aber sind alle Dinge möglich (Mt 19,26).

Es ging beim Wunder der Erfüllung der göttlich gegebenen Verheißung nicht darum, dass Abraham *an irgendetwas glaubte*, sondern darum, dass er *an Gott glaubte*. Die hohle Philosophie der Welt (»Alles klappt, wenn du nur daran glaubst.«) ist ebenso töricht wie wirkungslos. Glauben woran? Natürlich nicht an den eigenen Glauben! Abraham und Sara vertrauten auf Gott, und Gott tat, was er versprochen hatte. Weil Abraham Gott kannte, war Abraham …

> … der vollen Gewissheit, dass er [Gott], was er verheißen hatte, auch zu tun vermag (Röm 4,21).

Aber wichtig ist, bei alldem Abrahams *Motiv* in Betracht zu ziehen: *Er gab Gott die Ehre*. Wahrer Glaube gibt Gott immer die Ehre, denn der Glaube bekennt, dass der Mensch unfähig ist, irgendetwas zu vollbringen, und dass nur Gott das Entsprechende tun kann. Abraham und Sara waren in körperlicher Hinsicht so gut wie tot, als sie Gott zutrauten, die Verheißung zu erfüllen. Und das war es, wodurch Gott verherrlicht wurde.

Wenn wir also in unserem christlichen Leben oder Dienst vor irgendeiner Entscheidung oder vor dem nächsten Schritt stehen, sollten wir uns fragen: »Tue ich das einzig zu Gottes Ehre?« Wenn im Herzen das kleinste Anzeichen für Selbstverherrlichung erkennbar ist, müssen wir sofort innehalten und auf die Wegweisung des Herrn warten. Wahrer Glaube lässt sich nur von dem Wunsch leiten, Gott zu verherrlichen.

Test 2: Stürme ich ungestüm darauf los, oder bin ich bereit, zu warten? Wir haben bereits gelernt, dass Glaube und Warten immer miteinander verbunden sind.

> Denn die Schrift sagt: »Jeder, der an ihn glaubt, wird nicht zuschanden werden« (Röm 10,11).

Das ist ein Zitat aus Jesaja 28,16:

> Siehe, ich gründe einen Stein in Zion, einen bewährten Stein, einen kostbaren Eckstein, aufs Festeste gegründet; wer glaubt, wird nicht ängstlich eilen.

Ein Christ, der auf Gottes Leitung und auf Gottes Wirken wartet, wird weder enttäuscht noch beschämt werden. Wahrer Glaube ist niemals in Hetze. Er wartet, *bis Gott den Weg frei macht.* Wenn wir uns gehetzt fühlen, müssen wir Obacht geben. Ganz sicher handeln wir dann fleischlich und im Unglauben, statt in wahrhaft geistlichem Glauben voranzugehen.

> Alles aber, was nicht aus Glauben ist, ist Sünde (Röm 14,23).

Test 3: Kann ich mich bei meinem Handeln auf Gottes Wort berufen? Wahrer Glaube ist immer auf die Heilige Schrift, die Bibel, gegründet.

> Also ist der Glaube aus der Verkündigung, die Verkündigung aber durch Gottes Wort (Röm 10,17).

Ungeachtet dessen, wie vernünftig eine Handlung erscheinen mag – wenn sie dem Wort Gottes widerspricht, kann sie nicht im Glauben ausgeführt sein. Die Bibel gibt uns Vorschriften, denen wir gehorchen müssen, und Verheißungen, die wir in Anspruch nehmen dürfen, sowie Grundsätze, deren Befolgung unabdingbar ist, und sobald wir irgendetwas davon missachten, handeln wir im Unglauben. Unsere Freunde mögen uns ermutigen, und die Umstände können günstig erscheinen (Jona fand ein Schiff, das auf ihn wartete!). Wenn wir aber dem Wort Gottes ungehorsam sind, handeln wir nicht im Glauben. Dies bedeutet, dass Gott uns nicht segnen oder gebrauchen kann, seinem Namen Ehre zu bringen.

Test 4: Wenn ich über das betreffende Vorhaben nachdenke, habe ich dann Frieden und Freude im Herzen?

> Der Gott der Hoffnung aber erfülle euch mit aller Freude und allem Frieden im Glauben, damit ihr überreich seid in der Hoffnung durch die Kraft des Heiligen Geistes (Röm 15,13).

Wo wahrer Glaube ist, da ist der Heilige Geist am Werk; und wo der Heilige Geist arbeitet, da wird er die Frucht der Hoffnung, der Freude und des Friedens hervorbringen. Gottes Frieden im Herzen zu haben, ist ein Teil des Beweises, dass wir im Willen Gottes sind. Der Friede Gottes soll in unseren Herzen regieren (vgl. Kol 3,15). Das Wort »regieren« bedeutet wörtlich »der Schiedsrichter sein«. Wenn wir den Frieden Gottes im Herzen verlieren, können wir sicher sein, dass wir uns vom Willen Gottes entfernt haben.

Gerade auf diesem Gebiet muss der Christ lernen, zwischen seinen eigenen menschlichen Gefühlen und dem tieferen Werk Gottes in seinem Leben zu unterscheiden. Gott übergeht unsere Gefühle niemals; und er kann sie ganz sicher gebrauchen, um seine Absichten durchzusetzen. Aber oft, wenn wir im Glauben vorangehen wollen, sind wir wir mit Ängsten und Sorgen konfrontiert. Doch wenn wir gläubig weitergehen, werden solche Ängste schließlich durch eine tiefere Freude und einen umfassenderen Frieden überwunden. Das ist das Werk des Heiligen Geistes als Antwort darauf, dass wir Gottes Wort geglaubt haben.

Eine alttestamentliche Illustration von alledem finden wir in 1. Mose 16. Die Geschichte ist allgemein bekannt. Gott hatte Abraham und Sara ein Kind verheißen, aber das Kind kam nicht. Während sie wartete, wurde Sara daher ungeduldig. Sie beschloss Gott »nachzuhelfen«, indem sie ihrem Mann ihre Magd zur Frau gab. Diese Handlung war nach dem damals geltenden Recht völlig legal, aber sie war keine Tat des Glaubens. Abraham machte dabei mit, und das Ergebnis war viel Ärger.

Jetzt wollen wir unsere »vier Testfragen des Glaubens« auf diese Handlungsweise von Abraham und Sara anwenden.

1. Hat Abraham Hagar »geheiratet«, um damit Gott zu verherrlichen? Nein, er tat es, um seiner Frau zu gefallen und um »Gott nachzuhelfen«, seine Verheißungen zu erfüllen.

2. Waren Abraham und Sara bereit zu warten? Ganz gewiss nicht! Das ganze Problem war ja gerade, dass die beiden Gott gleichsam vorausliefen und ihrer Familie ein großes Durcheinander bescherten.

3. Konnten sie ihre Entscheidung auf ein offenbartes Gotteswort stützen? Nein, dazu waren sie außerstande. Wenn wir über das Leben Abrahams lesen, stellen wir fest, dass Gott ihn segnete und gebrauchte, sooft er dem Wort Gottes vertraute, aber Gott musste ihn jedes Mal züchtigen, wenn er diesem Wort ungehorsam war und eigenmächtig handelte. Nirgends lesen wir: »Und das Wort des HERRN geschah zu Abraham, und er sprach: ›Nimm die Magd Saras zur Frau, denn ich will dir von ihr einen Sohn geben.‹« Seine Handlungen und die seiner Frau waren in dieser Angelegenheit nicht auf Gottes Wort gegründet.

4. Schließlich: Gab es Freude und Frieden wegen dieser Entscheidung? Nein, es gab nur Elend und Streit! Hagar stritt mit Sara, während Sara Abraham beschuldigte und Abraham mit Sara stritt – bis Gott eingreifen musste, um die Sache fürs Erste in Ordnung zu bringen. Das Volk der Juden leidet noch heute unter diesem Fehlverhalten Abrahams![16]

16 A. d. H.: Es wird allgemein angenommen, dass die Nachkommen Ismaels, des damals gezeugten Sohnes, unter den arabischen Völkern zu finden sind.

Hier kann man an einer praktischen Familiensituation erkennen, wie wichtig es ist, im Glauben zu wandeln.

Satan und die »vier Testfragen des Glaubens«. Wir haben hoffentlich gemerkt, dass die vier Testfragen des Glaubens den vier Personen entsprechen, deren Konfrontation mit Satan wir schon studiert haben.

David handelte nicht im Glauben, als er das Volk zählte, weil er dies zu seiner eigenen Ehre und nicht zur Verherrlichung Gottes tat. Stolz ist ein Feind des Glaubens.

Hiob wurde versucht, in seiner Beziehung zu Gott ungeduldig zu werden. Die Bereitschaft, auf Gott zu warten, ist ein Beweis wahren Glaubens. Ungeduld weist auf Unglauben hin.

Eva gehorchte dem Wort Gottes nicht, als sie von der Frucht des Baumes aß. Wahrer Glaube gründet sich stets auf Gottes Wort.

Der Hohepriester Josua hatte weder Freude noch Frieden im Herzen, weil er unter Satans Anschuldigungen litt. Wahrer Glaube bringt durch das Wirken des Heiligen Geistes Freude und Frieden mit sich.

Das bedeutet: Wir müssen aufpassen, dass wir immer die Verteidigungswaffen recht einsetzen, die Gott uns gegeben hat. Sonst wird Satan unseren Glauben schwächen und uns entmutigen. Er wird alles daransetzen, dass wir aufhören, Gott zu vertrauen. Wenn wir Gottes Ehre suchen, wenn wir geduldig auf Gott warten, wenn wir seinem Wort gehorchen und wenn wir Gottes Freude und seinen Frieden genießen, dann dürfen wir sicher sein, dass wir im Glauben leben und imstande sind, den Satan zu besiegen.

6

Lassen Sie den Satan keinen Brückenkopf gewinnen!

Wenn der Gläubige in seinem Leben irgendeine ihm bekannte Sünde beibehält, dann gibt er damit Satan die Möglichkeit, bei ihm Fuß zu fassen bzw. in seinem Leben einen Brückenkopf zu gewinnen, den dieser als Gelegenheit nutzen wird, um einzumarschieren und weitere Gebiete zu erobern. Paulus warnt uns in Epheser 4,27: »... und gebt nicht Raum dem Teufel.« Mit dem Wort »Raum« ist nicht nur ein Ort, wie eine Stadt oder ein Gebäude gemeint, sondern auch »ein Fuß in der Tür« oder »eine Möglichkeit« bzw. »eine Operationsbasis«. J. B. Phillips umschreibt Epheser 4,27 so: »Gebt dem Teufel keine derartige Gelegenheit, sich breitzumachen.« Soldaten würden sagen: »Erlaubt dem Satan nicht, einen Brückenkopf zu bilden.«

Vielleicht ist es gut, wenn wir den ganzen Abschnitt lesen:

> Deshalb, da ihr die Lüge abgelegt habt, redet Wahrheit, jeder mit seinem Nächsten, denn wir sind Glieder voneinander. Zürnt, und sündigt nicht. Die Sonne gehe nicht unter über eurem Zorn, und gebt nicht Raum dem Teufel. Wer gestohlen hat, stehle nicht mehr, sondern arbeite vielmehr und wirke mit seinen Händen das Gute, damit er dem Bedürftigen etwas zu geben habe. Kein faules Wort gehe aus eurem Mund hervor, sondern was irgend gut ist zur notwendigen Erbauung, damit es den Hörenden Gnade darreiche. Und betrübt nicht den Heiligen Geist Gottes, durch den ihr versiegelt worden seid auf den Tag der Erlösung. Alle Bitterkeit und Wut und Zorn und Geschrei und Lästerung sei von euch weggetan, samt aller Bosheit. Seid aber zueinander gütig, mitleidig, einander vergebend, wie auch Gott in Christus euch vergeben hat (Eph 4,25-32).

Jetzt wollen wir einige der Sünden betrachten, die Satan als Brückenköpfe benutzt. Dabei wollen wir verstehen lernen, warum dies so ist.

Lügen (Vers 25). Weil Satan selbst ein Lügner ist, wundern wir uns nicht, dass er Lügen als Möglichkeit benutzt, in unserem Leben wirksam zu werden (Joh 8,44). Wenn wir der Wahrheit glauben, kann der Heilige Geist in unserem Leben wirken. Glauben wir aber der Lüge, kann der Teufel in unserem Leben Raum gewinnen. Darum müssen wir den Rat des Paulus in Philipper 4,8 beachten:

> Im Übrigen, Brüder, alles, was wahr, alles, was würdig, alles, was gerecht, alles, was rein, alles, was lieblich ist, alles, was wohllautet, wenn es irgendeine Tugend und wenn es irgendein Lob gibt, dies erwägt.

Paulus nennt auch einen guten Grund, weshalb wir die Lüge ablegen sollen: »Denn wir sind Glieder voneinander.« Gottes Wahrheit baut den Leib Christi – die Gemeinde – auf, aber Satans Lügen zerstören ihn. Weil wir zueinander gehören, beeinflussen wir uns auch gegenseitig. Wenn einer mit Lügen umgeht, so beeinflusst er die anderen, weil sie Glieder desselben Leibes sind. Weil Gott ein Gott der Wahrheit ist, weil sein Wort Wahrheit ist (Joh 17,17) und weil der Heilige Geist der Geist der Wahrheit ist (1Jo 5,6), kann man unmöglich mit Gott in Gemeinschaft sein, wenn man an einer Lüge festhält. Satan verführte Ananias und Sapphira, Gott und die Gemeinde zu belügen, und Gott hat sie ernst gestraft (Apg 5,1-11). Wir müssen im Gedächtnis behalten, dass ihre Sünde nicht darin bestand, etwas von dem Geld zu behalten. Ihre Sünde bestand darin, die Menschen glauben zu lassen, sie seien sehr geistlich gesinnt, wo sie in Wirklichkeit doch Heuchler waren!

Die Hölle ist für den Teufel und seine Engel bereitet (Mt 25,41) – und für alle Lügner!

> Den Feigen aber und Ungläubigen und mit Gräueln Befleckten und Mördern und Hurern und Zauberern und Götzendienern

> und allen Lügnern – ihr Teil ist in dem See, der mit Feuer und Schwefel brennt, welches der zweite Tod ist (Offb 21,8).

Offenbarung 22,15 macht die Sache sogar noch deutlicher, wenn dort Lügner als Personen beschrieben werden, welche die Lüge lieben und tun. Mit anderen Worten: Es geht dort nicht um solche, die gelegentlich lügen, denn das kann auch dem besten Gläubigen passieren (Abraham zum Beispiel); hier geht es vielmehr um Leute, für die das Lügen zu einem Lebensprinzip geworden ist und deren ganzes Dasein durch lügnerisches Verhalten gekennzeichnet ist. Solche Menschen gleichen dem Satan so sehr, dass sie dort sein werden, wo auch Satan am Ende ist – in der Hölle.

Zorn (Vers 26). Satan kann sehr zornig werden!

> Wehe der Erde und dem Meer! Denn der Teufel ist zu euch hinabgekommen und hat große Wut, da er weiß, dass er wenig Zeit hat … Und der Drache [Satan] wurde zornig über die Frau und ging hin, Krieg zu führen mit den Übrigen ihrer Nachkommenschaft, die die Gebote Gottes halten und das Zeugnis Jesu haben (Offb 12,12.17).

Diese Tatsache sagt uns doch wohl, dass derartiger Zorn in unseren Herzen dem Satan eine Ausgangsbasis in unserem Leben schafft. Und genauso wie Lüge und Mord zusammengehen, so auch Zorn und Mord.

> Ihr habt gehört, dass zu den Alten gesagt ist: Du sollst nicht töten; wer aber irgend töten wird, wird dem Gericht verfallen sein. Ich aber sage euch: Jeder, der seinem Bruder ohne Grund zürnt, wird dem Gericht verfallen sein; wer aber irgend zu seinem Bruder sagt: Raka!, wird dem Synedrium verfallen sein; wer aber irgend sagt: Du Narr!, wird der Hölle des Feuers verfallen sein (Mt 5,21-22).

Es gibt selbstverständlich auch gerechten Zorn. Gott bringt seinen Zorn über die Sünde in Psalm 7,12 deutlich zum Ausdruck. Jesus Christus offenbarte gerechten Zorn, als er die »frommen« Händler aus dem Tempel trieb (Mt 21,12-16) und als er die heuchlerischen Pharisäer verurteilte (Mt 23). Es reicht nicht, nur das Gute zu lieben, man muss auch das Böse hassen.

> Die ihr den HERRN liebt, hasst das Böse! (Ps 97,10).

> Die Furcht des HERRN ist: das Böse hassen (Spr 8,13).

> Verabscheut das Böse, haltet fest am Guten (Röm 12,9).

Es ist für uns als sündige Menschen jedoch schwierig, wirklich nur *aus gerechten Motiven* zornig zu sein und eine entsprechende Haltung erkennen zu lassen. Unsere sündige Natur neigt dazu, unsere Gefühle zu verunreinigen, sodass wir oft mehr Schaden anrichten, als Gutes zu stiften. Aristoteles sagte schon vor Jahrhunderten sehr richtig: »Jeder kann zornig werden, das ist einfach. Aber wütend zu sein auf den Richtigen, im richtigen Maß, zur richtigen Zeit, zum richtigen Zweck und auf die richtige Weise, das ist schwierig.«[17]

Sündiger Zorn führt immer zu weiterer Sünde. Gewöhnlich sagen wir im Zorn Dinge, die uns später sehr leidtun. Und oft fällen wir Entscheidungen, die sich sowohl für uns selbst als auch für andere als unheilvoll herausstellen. Weil Satan das weiß, verleitet er uns dazu, aus sündigen Motiven zornig zu werden.

Stehlen (Vers 28). Satan ist ein Dieb.

> Der Dieb kommt nur, um zu stehlen und zu schlachten und zu verderben. Ich bin gekommen, damit sie Leben haben und es in Überfluss haben (Joh 10,10).

---

17 A. d. H.: Die Wiedergabe dieses Ausspruches von Aristoteles findet sich im Internet in verschiedenen Fassungen. Hier zitiert nach: http://www.citationtube.com/aristoteles-charakter-de-1330.html (abgerufen am 23. 7. 2015).

Was die zwei Besessenen aus der Gegend von Gadara erlebt hatten, ist ein deutliches Beispiel davon, wie Satan seine Knechte bestiehlt (Mk 5,1-20). Satan raubte diesen Männern ihren Verstand, ihre Freiheit, ihre Heimstätten (sie lebten in den Gräbern!), ihre Freude, ihre sinnvolle Arbeit, ihre Würde und ihre Gesundheit (sie zerschlugen sich mit Steinen). Und Satan hätte sie sogar ihres Lebens und ihrer Seelen beraubt, hätte der Herr Jesus sie nicht befreit.

Arbeitnehmer, die sich dies und das von ihren Arbeitgebern »leihen«, erlauben Satan, einen Ausgangspunkt für Schlimmeres zu erobern. Wer einen Bleistift für 15 Cent stiehlt, der ist auch in der Lage, ein Buch für 15 Euro zu stehlen oder 150 000 Euro heimlich auf sein Konto zu buchen!

> Wer im Geringsten treu ist, ist auch in vielem treu, und wer im Geringsten ungerecht ist, ist auch in vielem ungerecht (Lk 16,10).

Wir müssen die Verbform beachten: Er ist bereits ungerecht, er wird es nicht erst werden.

Es ist nicht nötig, die verschiedenen Möglichkeiten aufzulisten, durch die man zum Dieb werden und wie man das entschuldigen kann. Jeder kennt sein eigenes Herz. Manche Leute stehlen Zeit, andere berauben Gott, indem sie untreu hinsichtlich ihrer »Opfer« sind (Mal 3,8ff.). Und dann gibt es Menschen, die halten Geld zurück, das anderen gehört (Jak 5,1-6).

Es ist interessant, auf den Grund zu achten, den Paulus angibt, weshalb ein Gläubiger arbeiten und nicht stehlen soll – damit er dem Bedürftigen etwas zu geben hat! Es geht um unsere Beziehung zu anderen, nicht nur um die Furcht vor Gottes Gericht, die uns hilft, unser Leben nach schriftgemäßen Grundsätzen zu führen, »denn wir sind Glieder voneinander« (Eph 4,25).

Unreines Gerede (Vers 29). Paulus wiederholt seine Warnung im nächsten Kapitel:

> Auch Schändlichkeit und albernes Geschwätz oder Witzelei, die sich nicht geziemen [werden nicht einmal unter euch genannt], sondern vielmehr Danksagung (Eph 5,4).

Hier wird nicht ein heiliger, gesunder Humor verboten, denn dieser ist ein Kennzeichen von Reife und wachem Bewusstsein. Ein leitender Mitarbeiter in einem Missionswerk erzählte mir einmal: »Ich werde niemals einen Missionar aufs Missionsfeld schicken, der keinen Sinn für Humor hat.« Paulus verurteilt vielmehr schmutzigen Humor und die Tatsache, dass man jemanden zur Zielscheibe des Spottes macht. Wer sich dieses Mittels bedient, setzt einen Menschen herab, und Gott will, dass unsere Rede »gut … zur … Erbauung« ist. Weil alles, was wir sagen, aus unserem Herzen kommt, beweisen unreines Gerede und unwürdiger Humor eine unreine Vorstellungswelt. Ein Mensch braucht keine pornografischen Bücher oder Filme anzuschauen, um Gedanken zu haben, bei denen die Sexualität in den Schmutz gezogen wird. Wenn Satan uns dazu bringen kann, über Sünde *nachzudenken* und dann darüber zu *reden*, wird er es auch leichter haben, uns zu sündigem *Handeln* zu verleiten. Wenn wir ungeniert über schmutzige Dinge reden, stumpft unser Gewissen ab, und wir gewöhnen uns daran. Wie schnell fallen dann alle Barrieren!

Ein nicht vergebungsbereiter Geist (Vers 30-32). Ein Gläubiger, der Bitterkeit und Groll im Herzen hegt, bietet dem Satan äußerst effektive Brückenköpfe! Eine solche Haltung (wie auch die bereits genannten) hindern den Heiligen Geist in unserem Leben daran, wirksam zu werden. Sie berauben uns der Kraft, die wir brauchen, um den Teufel zu entlarven und zu besiegen. Unsere alte Natur findet Gefallen daran, eine derartige, von geistlichem Gift geprägte Atmosphäre hervorzubringen.

Wir können nur durch Vergebung davon befreit werden. Wenn jemand uns Unrecht tut, müssen wir ihm von Herzen vergeben.

Jesus zeigt uns einfache Schritte, die wir dabei zu gehen haben (Mt 18,15-17); und er ermahnt uns, so schnell wie möglich die Versöhnung zu suchen (Mt 5,23-26). Je länger wir in einer unversöhnlichen Haltung verharren, umso mehr Gebiete wird Satan in unserem Leben einnehmen. In meiner Tätigkeit als Seelsorger habe ich erlebt, dass Familien, Sonntagsschulklassen und sogar ganze Gemeinden geschwächt wurden und (in einigen Fällen) sogar zerbrachen, weil Christen einander nicht vergeben konnten. Selbst wenn bei dem oder den Betreffenden auf der Gegenseite keine Bereitschaft zur Vergebung vorhanden ist, müssen wir doch vergeben. Man kann niemanden zum Vergeben zwingen, aber wir können dafür sorgen, dass Satan in unserem eigenen Leben besiegt wird.

Verleumdung (Vers 31[18]; 1Tim 3,11; Tit 2,3). Paulus ermahnt die Frauen der Diener in der Gemeinde und die älteren Frauen in den Reihen der Gläubigen, nicht »verleumderisch« zu sein. Für »Verleumder« steht im griechischen Text der Begriff »*diabolos*«, und dies ist das Wort für »Teufel«. Wenn Gläubige schlecht übereinander reden und sich gegenseitig verleumden, tun sie das Werk des Teufels und erlauben ihm, einen Brückenkopf zu bauen, von dem aus er weiterarbeiten kann. »Du sollst kein falsches Zeugnis ablegen gegen deinen Nächsten«, ist Gottes Gebot in 2. Mose 20,16. Zu den sechs Dingen, die der Herr hasst, gehört das Verhalten dessen, der »Lügen ausspricht als falscher Zeuge« (Spr 6,19).

> Hammer und Schwert und geschärfter Pfeil: So ist ein Mann, der gegen seinen Nächsten falsches Zeugnis ablegt (Spr 25,18).

Verleumdungen können einen Menschen aus nächster Nähe wie mit einem Hammer verletzen oder ihm aus einiger Entfernung wie mit dem Schwert Wunden schlagen. Oder dies geschieht aus großer Entfernung, wie es bei einem Pfeil der Fall ist. Aber unabhängig von der Entfernung sind die Schäden tödlich.

18 A. d. H.: In diesem Vers findet sich in der Elb 2003 das Wort »Lästerung«. Im Englischen kann »slander« sowohl »Lästerung« als auch »Verleumdung« bedeuten.

Viele große und heilige Menschen der Bibel haben unter Verleumdung und falschen Zeugen gelitten. Dazu gehören Joseph, David, Jeremia und Paulus. Sogar unser Herr Jesus wurde verleumdet und mit falschen Zeugenaussagen konfrontiert. Auch zahlreiche bedeutende und vorbildliche Führerpersönlichkeiten der Kirchengeschichte wurden von ihren Feinden verleumdet. Es ist eine schmerzliche Erfahrung für einen hingegebenen Christen, wenn er sieht und hört, dass sein Name und sein Dienst schlechtgemacht werden. Das gilt besonders dann, wenn die Verleumdung von solchen ausgeht, die auf ihr Christsein Wert legen und vorgeben, mit dem Aufdecken der Sünden anderer Heiliger das Werk des Herrn zu betreiben. Wie muss sich der Satan freuen, wenn er sieht, dass sich die Christen in ihren Druckwerken gegenseitig verleumden!

Das Wort Gottes belehrt uns, wie wir mit den Sünden der Heiligen umgehen müssen.

> Brüder, wenn auch ein Mensch von einem Fehltritt übereilt würde, so bringt ihr, die Geistlichen, einen solchen wieder zurecht im Geist der Sanftmut, wobei du auf dich selbst siehst, dass nicht auch du versucht werdest (Gal 6,1).

> Vor allem habt untereinander eine inbrünstige Liebe, denn die Liebe bedeckt eine Menge von Sünden (1Petr 4,8).

> Hass erregt Zwietracht, aber Liebe deckt alle Übertretungen zu (Spr 10,12).

Das bedeutet nicht, dass die Liebe Sünde über*sieht* oder auch *billigt.* Gemeint ist nur, dass die Liebe zu den Glaubensgeschwistern uns davon abhält, die betreffende Sünde vor den Augen der Welt und derjenigen Christen auszubreiten, die schwach im Glauben sind. Diese Liebe hält uns davon ab, aus dem Fehltritt eines Bruders für uns selbst Kapital zu schlagen, indem wir uns für besser halten. »Wascht in der Öffentlichkeit keine schmutzige Wäsche!«, war der weise Rat, den ein Seelsorger mir vor Jahren gab, und ich halte ihn nach wie vor für angemessen. Ich habe auch herausgefunden, dass es klug ist, nicht alles ungeprüft zu glauben, was man über einen Mitchristen hört oder liest.

> Aus dem Mund von zwei oder drei Zeugen wird jede Sache bestätigt werden (2Kor 13,1; siehe auch 5Mo 17,6; 19,15).

Satan ist ein Verleumder und Verkläger der Brüder (Offb 12,10). Wenn wir die Heiligen verleumden, anstatt für sie zu beten und ihre Sünden in Liebe zuzudecken, arbeiten wir dem Teufel in die Hände. Dann müssen wir uns nicht wundern, wenn er in unserem Leben Raum gewinnt und unsere Waffen gegen uns kehrt!

Jede Sünde, die wir im Herzen verbergen und von der wir wissen, dass sie dort ist und die wir doch nicht zugeben und bekennen wollen, wird dem Teufel einen Brückenkopf für weitere Angriffe bieten. Ich habe erfahren, dass dazu auch materielle Objekte gehören können, die aus dem Bereich des Satanismus und des Okkulten kommen. Kein Christ hat das Recht, solche Dinge zu besitzen, denn sie geben dem Satan jene Gelegenheiten, nach denen er Ausschau hält. Als die Christen in Ephesus ihre Zauberbücher verbrannten (Apg 19,18-20), machten sie einen gewaltigen Schritt voran, um Satan zu besiegen.

Zum Abschluss noch Folgendes: Wir dürfen keine Sünden und keine fragwürdigen Gegenstände als »Kleinigkeiten« betrachten. Nichts ist »klein«, was Satan benutzen kann, um uns anzugreifen. Ich erinnere mich an eine Studentin, die mich um Rat fragte, weil sie von der Bulimie beherrscht wurde. Sie ruinierte damit ihre Gesundheit und ihr Studium, und diese Ängste machten die Sache nur noch schlimmer. Ich fragte sie, ob sie irgendetwas besäße, was mit dem Okkulten zu tun habe. Sie bekannte, so etwas zu besitzen. Ich riet ihr dringend, das entsprechende Objekt zu vernichten, dem Herrn ihre Sünde zu bekennen und den Sieg Christi über alle Dämonen auszurufen, die dieses Objekt als Brückenkopf benutzten. Sie tat das alles, und der Herr gab ihr einen wunderbaren Sieg. Beispiele für derartige Siege können vielfach von Seelsorgern bezeugt werden, die mit okkulten Mächten konfrontiert wurden.

7

Wenn Satan zur Gemeinde geht

Manche Leute sind richtig schockiert, wenn ihnen bewusst wird, dass Satan sogar die Gottesdienste besucht. Ja, durch die dämonischen Mächte, derer er sich bedient, kann er im Grunde sogar die *Leitung* einiger Gemeinden an sich reißen! Paulus schrieb den *Gläubigen* im Auftrag des Herrn, um sie vor dem Teufel und seinen Anschlägen zu warnen. Niemand kann von außen her einer örtlichen Gemeinde und ihrem Dienst wirklich Schaden zufügen; darum will Satan gern hineinkommen, wie dies etwa bei Ananias und Sapphira der Fall war (Apg 5).

Wo kann man den Satan am ehesten an der Arbeit finden, wenn er der Gemeinde schaden will?

Fangen wir *mit der Kanzel* an. Wir haben schon gelernt, dass der Satan »seine Diener« hat, welche »die Gestalt als Diener der Gerechtigkeit annehmen« (2Kor 11,15). Nur weil ein Prediger sich zum Christentum bekennt, moralisch einwandfrei lebt und auf einem Seminar studiert hat, bedeutet das nicht, dass er wirklich bekehrt und ein Diener Jesu Christi ist. Saulus von Tarsus meinte wirklich, den Willen Gottes zu tun, als er der Gemeinde Christi widerstand und sie verfolgte, doch in Wirklichkeit arbeitete er für den Teufel.

Natürlich hat Satan auch *unter der Kanzel* diejenigen, die für ihn am Werk sind. Es gibt »falsche Brüder« (2Kor 11,26), wie es »falsche Apostel« (2Kor 11,13) gibt. Das Gleichnis vom Unkraut unter dem Weizen lehrt uns, dass Satan »Kinder« hat und dass er sie überall da »aussät«, wo Gott wahre Gläubige »sät«. Es ist leichter, sich einer durchschnittlichen örtlichen Gemeinde anzuschließen, als einem bürgerlichen Verein oder gar einem Geheimorden beizutreten. Es gab Zeiten, da wurden künftige Gemeindeglieder sorgfältig über ihre geistlichen Erfahrungen befragt, aber heutzutage fordern viele Gemeinden nur ein »Bekenntnis zum Glauben«[19] und erwarten, dass die Betreffenden die richtigen Formulare ausfüllen. Was geschieht aber, wenn die »Kinder des Teufels« Leitungsfunktionen in einer Gemeinde übernehmen? Ist es dann verwunderlich, wenn solche Gemeinden vom Glauben abfallen und beginnen, »Lehren von Dämonen« (1Tim 4,1) zu glauben?

Satan kann auch *bei der Anbetung* dabei sein. Ich halte die Anbetung für den wichtigsten Dienst der Gemeinde. Alles, was die örtlichen Gemeinden tun, sollte der Anbetung entspringen. Doch an vielen Orten sind die Gemeinden gar nicht über die große Bedeutung der Anbetung unterrichtet. Man kann den »Formalismus« eines liturgischen Gottesdienstes in der Öffentlichkeit kritisieren und gleichzeitig bei allen Sonntagsgottesdiensten in der eigenen Gemeinde ein völlig gleichförmiges Programm ablaufen lassen. In Wirklichkeit hat jede Gemeinde eine »Liturgie«, eine Form der Anbetung und eine Gottesdienstordnung. Aber es kann eine gute oder eine schlechte »Liturgie« sein. Paulus wies die Gläubigen der Gemeinde in Korinth nachdrücklich darauf hin, dass ihr Mangel an Ordnung Ungläubige nur dazu bringen würde, sie für Verrückte zu halten!

> Wenn nun die ganze Versammlung an einem Ort zusammenkommt und alle in Sprachen reden, es kommen aber Unkundige oder Ungläubige herein, werden sie nicht sagen, dass ihr von Sinnen seid? (1Kor 14,23).

> Denn Gott ist nicht ein Gott der Unordnung, sondern des Friedens, wie in allen Versammlungen der Heiligen (1Kor 14,33).

> Alles aber geschehe anständig und in Ordnung (1Kor 14,40).

19 A. d. H.: Offenbar ist hier gemeint, dass viele Gemeinden oft bestimmte Glaubensaussagen schriftlich formuliert haben (heute gewöhnlich auf der entsprechenden Internetseite unter der Rubrik »Was wir glauben« zu finden) und dass eine Zustimmung zu diesen Aussagen neben anderen Voraussetzungen als für eine Gemeindeaufnahme hinreichend angesehen wird.

Christliche Gottesdienste müssen durch Gottes Wort und durch den Heiligen Geist zusammengehalten werden. Das Wort Gottes ist der Anker, während der Heilige Geist das Steuerruder ist. Gott gibt keine neuen Offenbarungen; somit gründen wir unsere Anbetung auf die Wahrheiten des offenbarten Wortes Gottes. Aber Gott wendet sehr wohl die alten Wahrheiten auf neue Gegebenheiten an, und um das zu verstehen, brauchen wir die Leitung durch den Heiligen Geist, denn dazu sind sowohl Ausgewogenheit als auch geistliches Urteilsvermögen notwendig.

> Den Geist löscht nicht aus; Weissagung verachtet nicht; prüft aber alles, das Gute haltet fest (1Thes 5,19-21).

Für die Verantwortlichen in den örtlichen Gemeinden ist es unerlässlich, die Zusammenkünfte im Gebet und in der Beschäftigung mit Gottes Wort sorgfältig vorzubereiten. Es ist wahr, dass der Satan eine Gemeinde durch die geistliche Erstarrung des Formalismus zugrunde richten kann, aber er kann auch unkontrollierten Fanatismus für sich ausnutzen.

Auch müssen sich Christen bei ihren Zusammenkünften vor Götzendienerei schützen.

> Was sage ich nun? Dass das einem Götzen Geopferte etwas sei? Oder dass ein Götzenbild etwas sei? Nein, sondern dass das, was sie [d.h. die Nationen] opfern, sie den Dämonen opfern und nicht Gott. Ich will aber nicht, dass ihr Gemeinschaft habt mit den Dämonen (1Kor 10,19-20; RELB).

Wir neigen dazu, diese Warnungen auf die armen Leute in den »finsteren Heidenländern« anzuwenden, aber sie gelten genauso für unsere prächtigen Großstadtkirchen wie für die schlichten Gemeindesäle in unserer Nachbarschaft. Der Aufruf des Apostels zur Trennung in 2.Korinther 6,14 – 7,1 unterstreicht die Unvereinbarkeit von Christus und Satan:

> Geht nicht unter fremdartigem Joch mit Ungläubigen! Denn welche Verbindung haben Gerechtigkeit und Gesetzlosigkeit? Oder welche Gemeinschaft Licht mit Finsternis? Und welche Übereinstimmung Christus mit Belial? Oder welches Teil ein Gläubiger mit einem Ungläubigen? Und welchen Zusammenhang der Tempel Gottes mit Götzenbildern? Denn wir sind der Tempel des lebendigen Gottes; wie Gott gesagt hat: »Ich will unter ihnen wohnen und wandeln, und ich werde ihr Gott sein, und sie werden mein Volk sein.« Darum geht aus ihrer Mitte hinaus und sondert euch ab!, spricht der Herr. Und rührt Unreines nicht an! Und ich werde euch annehmen und werde euch Vater sein, und ihr werdet mir Söhne und Töchter sein, spricht der Herr, der Allmächtige. Da wir nun diese Verheißungen haben, Geliebte, so wollen wir uns reinigen von jeder Befleckung des Fleisches und des Geistes und die Heiligkeit vollenden in der Furcht Gottes (RELB).

Die korinthischen Christen wurden zu heidnischen Festen eingeladen, wo man Fleisch aß, das den Götzen geopfert worden war. Paulus erinnerte sie daran, dass die Götzen für sich genommen nichts waren, dass dies aber von den Dämonen benutzt würde, geistliche Probleme hervorzubringen. Es gibt eine wahre geistliche Einheit im Volk Gottes (Joh 17,20-23), aber genauso gibt es eine Gemeinsamkeit, die aus falschen Motiven versucht, Christus und Belial miteinander in Einklang zu bringen. Vor dieser Gemeinsamkeit müssen wir uns in Acht nehmen.

Satan kann sogar *bei unseren Opfern* am Werk sein! Ich denke da an Ananias und Sapphira (Apg 5). Ebenso erinnere ich an die Warnung unseres Herrn, nicht vor uns her posaunen zu lassen, wenn wir etwas geben (Mt 6,1-4).

Und wie steht es *mit dem Singen*? Ein Seminarprofessor erzählte mir einmal, die Musik sei das Kriegsministerium der Gemeinde! Auch da müssen wir abhängig von Gottes Geist und von Gottes Wort bleiben.

> Werdet mit dem Geist erfüllt, redend zueinander in Psalmen und Lobliedern und geistlichen Liedern, singend und spielend dem Herrn in eurem Herzen (Eph 5,18-19).

> Lasst das Wort des Christus reichlich in euch wohnen, indem ihr in aller Weisheit euch gegenseitig lehrt und ermahnt mit Psalmen, Lobliedern und geistlichen Liedern, Gott singend in euren Herzen in Gnade (Kol 3,16).

Es ist traurig anzusehen, wenn die gemeindliche Anbetung »im Geist« dadurch ersetzt wird, dass Zuschauer religiösen Darbietungen auf der Kirchenbühne folgen. Noch trauriger ist es, wenn die »Unterhaltung« Musik mit Texten darbietet, die nicht biblisch sind. *Ein Sänger hat ebenso wenig das Recht, in seinen Liedern Lügen zu verbreiten, wie ein Prediger das Recht hat, Lügen zu predigen!* Satan kann seine Lügen genauso leicht durch einen Sänger wie durch einen liberalen Prediger in die Gemeinde einschleusen – ja, *vielleicht sogar noch leichter*! Musik wirkt auf die Gefühle ein, während die Predigt vor allem den Verstand und den Willen anspricht. Es ist überhaupt nicht falsch, wenn im Gottesdienst Gefühle geweckt werden. Allerdings müssen es *wahre* Gefühle sein, während Ausdrucksformen flacher Sentimentalität hier keinen Platz haben. Und vor allem müssen sie zu der Entscheidung führen, dem Wort Gottes gehorchen zu wollen.

Bei meinem Dienst auf Konferenzen muss ich manchmal nach einem Musikbeitrag predigen, der so weit von der Bibel entfernt war, dass er aus dem Telefonbuch hätte stammen können. Es ist sehr schwer, die Wahrheit des göttlichen Wortes zu verkündigen, wenn in dem vorangehenden Liedbeitrag Gottes Wort verdreht oder gar abgelehnt wurde. Leider enthalten sogar einige unserer gemeindlichen Lieblingslieder manchmal Sätze und ganze Strophen, die einfach nicht biblisch sind, und ich meine, wir sollten sie meiden oder den Wortlaut verändern.

Satan taucht auch häufig *in Gemeindestunden* oder *in Dienstbesprechungen der einzelnen Mitarbeiterkreise* auf. Es gibt eine Weisheit von oben, aber auch eine Weisheit von unten!

> Wer ist weise und verständig unter euch? Er zeige aus dem guten Wandel seine Werke in Sanftmut der Weisheit. Wenn ihr aber bitteren Neid und Streitsucht in eurem Herzen habt, so rühmt euch nicht und lügt nicht gegen die Wahrheit. Dies ist nicht die Weisheit, die von oben herabkommt, sondern eine irdische, sinnliche, teuflische. Denn wo Neid und Streitsucht ist, da ist Zerrüttung und jede schlechte Tat. Die Weisheit von oben aber ist erstens rein, dann friedsam, milde, folgsam, voll Barmherzigkeit und guter Früchte, unparteiisch, ungeheuchelt. Die Frucht der Gerechtigkeit in Frieden aber wird denen gesät, die Frieden stiften (Jak 3,13-18).

»Irdisch, sinnlich, teuflisch« – das ist die Charakterisierung der Welt, des Fleisches und des Teufels. Diese Art von Weisheit infiziert nach und nach ein Menschenleben oder ein übergemeindliches Werk, und dann dauert es nicht lange, bis der Satan die Herrschaft übernimmt. Ich habe an vielen Gemeindetagungen, Ausschusssitzungen und Vorstandstreffen unterschiedlichster Art teilgenommen, und ich fürchte, dass Satans Weisheit oft anwesend war, und manchen der Gläubigen war es nicht einmal bewusst! Und zu meiner Schande muss ich eingestehen, mich in mehr als einem Fall selbst schuldig gemacht zu haben.

Satan versucht, leitende Christen zu missbrauchen, seine destruktive Weisheit auszubreiten. Er hat sogar Petrus dazu benutzt!

> Von da an begann Jesus seinen Jüngern zu zeigen, dass er nach Jerusalem hingehen müsse und von den Ältesten und Hohenpriestern und Schriftgelehrten vieles leiden und getötet und am dritten Tag auferweckt werden müsse. Und Petrus nahm ihn beiseite und fing an, ihn zu tadeln, indem er sagte: Gott behüte dich, Herr! Dies wird dir nicht widerfahren! Er aber wandte sich um und sprach zu Petrus: Geh hinter mich, Satan! Du bist mir ein Ärgernis, denn du sinnst nicht auf das, was Gottes, sondern auf das, was der Menschen ist (Mt 16,21-23).

Die Gesetzesverfechter, die bei der Apostelversammlung ihre Reden hielten (vgl. Apg 15 [insbesondere Vers 5.7]), haben sicher behauptet, zuvor wegen der betreffenden Angelegenheit gebetet zu haben und Gottes Meinung zu vertreten. Doch lagen sie völlig falsch.

Ein anderer Bereich, in dem Satan die Dienstaufteilung in der Gemeinde beeinflusst, ist die Auswahl der *leitenden Brüder* (einschließlich derer, die den Verkündigungsdienst übernehmen). Ich bin verwundert, dass nur so wenige Gemeinden wirklich den Anweisungen folgen, die uns in 1. Timotheus 3 und in Titus 1 gegeben sind. Nur wenige derjenigen, die neue Kandidaten ansprechen, fragen danach, welches Zeugnis der Betreffende von Außenstehenden erhält; auch untersuchen sie selten, ob er in finanzieller Hinsicht ehrlich und integer ist. Zu viele Gemeinden betrauen »Neulinge im Glauben« mit Leitungsdiensten, statt ihnen zunächst die Gelegenheit zu geben, auf niedrigerer Ebene zur Reife zu gelangen.

> … nicht ein Neuling, damit er nicht, aufgebläht, ins Gericht des Teufels falle (1Tim 3,6).

Warum müssen sich die meisten Gemeinden mit einem solchen »frommen Bremser« abquälen, der ganz selbstständig schalten und walten darf? (Leider gilt das manchmal auch für den Prediger!) Geistlicher Hochmut ist eine von Satans Hauptwaffen. Ihm gefällt es, sich eines Diotrephes zu bedienen, »der gern unter ihnen der Erste sein will« (3Jo 9). Er benutzt ihn, um das Zeugnis zu schwächen und, wenn möglich, die Gemeinde zugrunde zu richten. *In den örtlichen Gemeinden gibt es keine Sonderrechte, die man sich durch jahrelange Zugehörigkeit erwerben kann.* Die Tatsache, dass ein Gemeindemitglied schon viele Jahre dazugehört oder auch jahrelang einen Dienst ausgeübt hat, ist keine Garantie für geistliche Weisheit. Trotz ihrer Unreife erkennen Neubekehrte Nöte und Möglichkeiten manchmal eher als ältere Heilige.

Als Letztes erinnere ich daran, dass Satan in den Gemeinden *durch den Mangel an Vergebungsbereitschaft* wirksam werden kann. Das haben wir im vorigen Kapitel bereits diskutiert, aber es ist so bedeutsam, dass ich es noch einmal betonen möchte. Glücklich preisen können sich Gemeinden, deren Mitglieder ein gutes Erinnerungsvermögen für Gottes Segnungen und ein schlechtes für die Sünden der Menschen haben. Kleinigkeiten können verhindern, dass sich Heilige aneinander erfreuen! Eine verärgerte Frau sagte mir, sie käme nie wieder zum Gottesdienst, weil ich keine Muttertagspredigt gehalten hatte. Und ein Mann kam nicht mehr, weil die Abfolge im Gottesdienst verändert worden war und ein bestimmter Bestandteil der Anbetungszeit nicht mehr am Anfang stand. Eine Dame »schmollte« wochenlang, weil man aus Versehen eine Bekanntmachung nicht gedruckt hatte, die sie gern im Gemeindebrief gesehen hätte. Ist es da ein Wunder, wenn Prediger nicht mehr weitermachen wollen? Und kann man sich darüber wundern, dass so manche örtliche Gemeinde nur schwerfällig arbeitet und der »geistliche Ertrag« so bescheiden ist?

Was ist zu tun? Mögen doch alle Gemeindeglieder – und vor allem die verantwortlichen Brüder – auf der Hut sein, damit sie Satan ausfindig machen und ihm widerstehen können! Wir müssen es lernen, die Wahrheit in Liebe zu sagen (Eph 4,15[20]). Wir müssen einander vergeben und darüber hinaus lernen, uns durch die Weisheit von oben leiten zu lassen. Wo immer Trennungen auftauchen, müssen wir uns voller Vertrauen an den Herrn wenden, damit er wieder geistliche Einheit schenkt. Wenn keine Einheit kommt, müssen wir herausfinden, wer die Leute sind, die Satan benutzt, das Werk zu behindern. Mit ihnen haben wir in Festigkeit und Liebe umzugehen. Ich habe persönlich erfahren, wie schwierig das ist, aber ich kenne auch den Segen und die Freude, die entstehen, wenn der Satan besiegt wurde!

Treibe den Spötter fort, so geht der Zank hinaus, und Streit und Schande hören auf (Spr 22,10).

---

20 A.d.H.: Vgl. Wortlaut der RELB.

8

Was zieht man für den Kampf an?

Es wirkt schockierend auf junge Gläubige, wenn sie erfahren, dass das Christenleben ein Schlachtfeld und keine Spielwiese ist. Als ich noch Gemeindepastor war, konnte ich immer sagen, wann ein junger Christ anfing, erwachsen zu werden – nämlich dann, wenn er feststellte, dass er sich fortwährend im Kampf befand. Das war ein gutes Zeichen, weil, wie Spurgeon sagte, »Satan keine toten Pferde antreibt«.

Wenn wir den Kampf gewinnen wollen, müssen wir den Feind kennen und über die Kraft sowie die Hilfsmittel verfügen, die sowohl für den Angriff als auch für unsere Verteidigung geeignet sind. In den ersten vier Kapiteln dieses Buches sind wir auf Beispiele gestoßen, anhand derer wir den Feind und seine Strategien kennengelernt haben, die er gegen uns anwendet. Unsere Kraft ist der Heilige Geist, und wir haben die geistlichen Mittel entdeckt, die Gott uns zur Verfügung gestellt hat, um den Teufel anzugreifen. So bleibt für uns noch, die »geistliche Waffenrüstung« anzusehen, die Gott für uns bereithält. Sie wird uns in Epheser 6,10-18 beschrieben:

> Im Übrigen, Brüder, seid stark in dem Herrn und in der Macht seiner Stärke. Zieht die ganze Waffenrüstung Gottes an, damit ihr zu bestehen vermögt gegen die Listen des Teufels. Denn unser Kampf ist nicht gegen Fleisch und Blut, sondern gegen die Fürstentümer, gegen die Gewalten, gegen die Weltbeherrscher dieser Finsternis, gegen die geistlichen Mächte der Bosheit in den himmlischen Örtern. Deshalb nehmt die ganze Waffenrüstung Gottes, damit ihr an dem bösen Tag zu widerstehen und, nachdem ihr alles ausgerichtet habt, zu stehen vermögt. Steht nun, eure Lenden umgürtet mit Wahrheit und angetan mit dem Brustharnisch der Gerechtigkeit und an den Füßen

beschuht mit der Bereitschaft des Evangeliums des Friedens, indem ihr über das alles ergriffen habt den Schild des Glaubens, mit dem ihr imstande sein werdet, alle feurigen Pfeile des Bösen auszulöschen. Nehmt auch den Helm des Heils und das Schwert des Geistes, das Gottes Wort ist, zu aller Zeit betend mit allem Gebet und Flehen in dem Geist, und hierzu wachend in allem Anhalten und Flehen für alle Heiligen.

Paulus betont, dass die gesamte Waffenrüstung nötig ist, wenn wir Satan besiegen wollen. Die Stelle in unserem Leben, die wir unbewacht lassen, ist ganz gewiss genau der Ort, wo Satan angreift. Am 17. Oktober 1586 erlag Sir Philip Sidney den Verletzungen, die er sich in der Schlacht um Zutphen zugezogen hatte, weil er nicht seine gesamte Rüstung trug. Er sah, dass Sir William Pelham nicht seine Beinschützer angelegt hatte; so zog Sidney auch die seinen aus. Er wurde am Bein verletzt und starb an dieser Wunde. Ich kann nicht genug betonen, dass wir die *ganze* Waffenrüstung zu unserem Schutz nötig haben.

Jetzt wollen wir die verschiedenen Teile der Ausrüstung eines Soldaten Jesu Christi anschauen und dann lernen, wie man sie anzieht und wie man sie anwendet.

Der Gürtel der Wahrheit. Weil Satan ein Lügner ist, muss man ihm mit Gottes Wahrheit entgegentreten. In orientalischen Ländern trugen die Leute Gürtel, mit denen sie ihre wallenden Gewänder hochbanden und alles zusammenhielten. Es ist Gottes Wahrheit, die in unserem Leben alles zusammenhält. Als Christen müssen wir die Wahrheit lieben und sie ausleben.

> Ich habe keine größere Freude als dies, dass ich höre, dass meine Kinder in der Wahrheit wandeln (3Jo 4).

Die Lenden sind das Sinnbild der Aktivität, Mobilität und Zielgerichtetheit. Ein Soldat mit gebrochener Hüfte taugt nicht mehr viel! Wenn wir nicht durch die Wahrheit motiviert und gesteuert werden, wird jeder Feind uns besiegen. Sobald wir irgendeiner Täuschung Einlass in unser Leben gewähren, haben wir unsere Stellung geschwächt und können keinen siegreichen Kampf führen.

Der Gürtel der Wahrheit ist keine Angriffswaffe, er dient zu unserem Schutz. Wenn ein Gläubiger das in seinem Leben offenbart, was ich eine »wahrhaftige Geisteshaltung« nenne, dann ist er vor den Angriffen Satans geschützt. Sie bewahrt nicht vor solchen Angriffen, aber sie bewahrt den Gläubigen davor, durch Satans Lügen Schaden zu nehmen.

Der Brustharnisch[21] des Glaubens. Dieser Teil der Rüstung bedeckt die Vorderseite des Soldaten vom Hals bis zum oberen Ende der Oberschenkel. Er schützte die lebenswichtigen Organe. Ich glaube, dass Paulus an die Gerechtigkeit Christi dachte, die denen zuteilwird, die ihm vertrauen.

> Den, der Sünde nicht kannte, hat er [Gott] für uns zur Sünde gemacht, damit wir Gottes Gerechtigkeit würden in ihm (2Kor 5,21).

Satan ist der Ankläger, und er greift uns an, indem er uns an unsere Sünden erinnert. Durch den Glauben an Christus wurde uns seine Gerechtigkeit zuteil, die uns zugerechnet worden ist. Es ist wichtig, den Unterschied zwischen *zugerechneter* und *verliehener* Gerechtigkeit zu kennen. Wenn ein Sünder Christus vertraut und ihm die Wiedergeburt geschenkt wird, dann wird ihm Christi eigene Gerechtigkeit zugerechnet, und das ändert sich nie. Wenn aber ein Gläubiger mit dem Herrn wandelt und sich dem Heiligen Geist unterordnet, wird ihm das Vorrecht verliehen, praktischen Anteil an Christi Gerechtigkeit zu bekommen. Dann wird er also Christus ähnlicher.

---

21 A.d.H.: Auch als »Brustpanzer« bezeichnet (vgl. z.B. RELB, Schlachter 2000). Diesen Ausdruck gebraucht der Autor im Folgenden.

> [Habt] angezogen … den neuen Menschen, der nach Gott geschaffen ist in wahrhaftiger Gerechtigkeit und Heiligkeit (Eph 4,24).

Jeder Gläubige sollte die Bedeutung von »Rechtfertigung« kennen. Es ist der Gnadenakt Gottes, durch den er den glaubenden Sünder um der Verdienste Jesu Christi willen gerecht spricht. Die Rechtfertigung ändert sich nie. Hat Gott uns einmal für gerecht erklärt, dann ist unsere Stellung vor ihm in alle Ewigkeit gesichert. Unser praktischer Zustand allerdings – also unser Wandel – ist etwas ganz anderes. Der verändert sich, je mehr wir uns dem Heiligen Geist unterordnen und dem Wort Gottes gehorchen.

Wichtig ist außerdem, dass der Brustpanzer das Herz bedeckt. Damit ist gemeint, dass unsere Gefühlswelt durch die Gerechtigkeit Christi geschützt sein sollte. Weil wir *wissen*, dass wir von Gott angenommen sind und in Christus gerecht gemacht wurden, brauchen wir uns weder zu fürchten noch zu grämen, wenn Satan uns seine Anschuldigungen entgegenschleudert. Satan benutzt gern Menschen – auch Christen –, um uns zu verleumden und anzuklagen; und wir stehen in der Versuchung zurückzuschlagen. Aber diesen »feurigen Pfeilen« dürfen wir nicht erlauben, unsere lebenswichtigen Organe zu treffen und zu durchbohren. Stattdessen sollten wir in dem vollbrachten Werk Christi ruhen und uns klarmachen, dass wir »begnadigt [sind] … in dem Geliebten« (Eph 1,6) und dass wir die uns zuteilgewordene Gerechtigkeit Gottes niemals verlieren können.

Die Schuhe des Friedens. Die römischen Soldaten trugen genagelte Schuhe, damit sie sicher stehen und beweglich sein konnten. Wie Sie stehen, das entscheidet in erheblichem Maße darüber, wie Sie kämpfen können. Verliert ein Kämpfer die Schuhe, kann er dadurch den ganzen Kampf verlieren. Ein Christ mit solidem Schuhwerk kann zuversichtlich dem Feind entgegengehen. Auch wird er in der Lage sein, auf die unterschiedlichsten Angriffe Satans reagieren zu können, wie oft der Feind auch seine Strategie ändern mag.

Wir stehen auf dem Boden des Evangeliums, denn wir wissen …

> … dass Christus für unsere Sünden gestorben ist nach den Schriften; und dass er begraben wurde und dass er auferweckt worden ist am dritten Tag nach den Schriften (1Kor 15,3-4).

Dieser Sieg Christi ist es, der uns einen sicheren und festen Stand verleiht, wenn wir gegen den Teufel kämpfen. Wohin auch immer wir gehen, wir stehen auf Siegesboden!

> Da wir nun gerechtfertigt worden sind aus Glauben, so haben wir Frieden mit Gott durch unseren Herrn Jesus Christus, durch den wir mittels des Glaubens auch den Zugang haben zu dieser Gnade, in der wir stehen, und rühmen uns in der Hoffnung der Herrlichkeit Gottes (Röm 5,1-2).

Das Wort »Bereitschaft« in Epheser 6,15 besagt, dass sich der Gläubige auf die Angriffe des Teufels eingestellt hat. Er steht, sodass er bereit und imstande ist, den Kampf aufzunehmen. Sein Heiland hat den Sieg bereits errungen, und er gründet sich auf diesen Sieg.

Es mag widersprüchlich erscheinen, dass es dem christlichen Soldaten um Frieden und nicht um Krieg geht. Er bekämpft aber Satan, damit Frieden einkehrt. Satan ist die Ursache von Sünde, Unruhe und Spaltung in der Welt. Dem christlichen Kämpfer geht es um Frieden, wenn er dem Satan entgegentritt. Die Botschaft des Evangeliums ist eine Friedensbotschaft, aber in Bezug auf Satan erweist sie sich als Kriegserklärung.

Der Schild des Glaubens. Der römische Schild war 0,6 Meter mal 1,2 Meter groß und bestand aus Holz, das mit Leder und Metall überzogen war. Er diente als bewegliche Schutzwand, hinter der sich der Soldat verbergen und vor den brennenden Pfeilen schützen konnte, die der Feind auf ihn abschoss. Unser Glaube an Christus ist es, mit dem wir alle feurigen Pfeile auslöschen können. In dem Maße, wie wir ihm vertrauen, werden wir an seinem Sieg teilhaben.

Was ist mit den »feurigen Pfeilen« in Epheser 6,16 gemeint, die Satan auf uns abschießt? Ich meine, es sind die unterschiedlichsten Gedanken: Zweifel, Ängste, Sorgen usw. Ich habe manchmal mit viel Gebet über das Wort Gottes nachgesonnen, und plötzlich wollte ein schrecklicher Gedanke meinen Geist beunruhigen. Natürlich will Satan, dass *wir* uns selbst die Schuld dafür geben, denn wenn wir so denken, werden wir in unserem christlichen Wandel entmutigt. Aber *er* trägt die Schuld! Es wurden schon feurige Pfeile auf mich abgeschossen, während ich das Wort Gottes predigte! Wenn wir diese Pfeile nicht auslöschen, dann werden sie alles entflammen, was sie berühren, und dann gilt es, einen verwüstenden Brand zu löschen.

Ich habe erfahren, dass *das Vertrauen auf Gottes Verheißungen* und das Festhalten an seinem Wort all diese feurigen Pfeile auslöscht. Wie wichtig ist es für einen christlichen Soldaten, die biblische Lehre umfassend zu kennen! (Das erklärt, warum der christliche Soldat erst in Kapitel 6 des Epheserbriefes beschrieben wird. Paulus verwendet die ersten drei Kapitel, um grundlegende Lehren darzustellen, und die nächsten beiden behandeln bedeutsame Anweisungen zur christlichen Lebensführung.) Wir können die Pfeile nicht dadurch auslöschen, dass wir auf persönliche Glaubenserfahrungen zurückgreifen (nicht einmal auf frühere Siege im Glaubensleben), auch nicht dadurch, dass wir uns auf den Glauben als solchen oder auf irgendein Glaubensbekenntnis berufen. Die Pfeile können nur durch den Glauben an Christus und an sein Wort ausgelöscht werden. Wir können Satan nicht daran hindern, Pfeile auf uns abzuschießen, aber wir können verhindern, dass sie einen Brand auslösen. Ein großer Heiliger (war es Martin Luther?) sagte einmal sinngemäß: »Ich kann die Spatzen nicht hindern, über mich wegzufliegen, aber ich kann sie wohl daran hindern, in meinen Haaren ein Nest zu bauen!«

Wichtig ist, *solche Pfeile sofort zu löschen.* Wir müssen augenblicklich im Glauben auf Christus schauen, uns einige Verheißungen der Bibel vergegenwärtigen und daran glauben. Sonst beginnt das Feuer sich auszubreiten, und wenn wir noch »Öl ins Feuer gießen«, gerät es außer Kontrolle. Unsere Gefühle werden erregt, und ganz schnell haben wir sie nicht mehr unter Kontrolle. Dann hat der Satan gewonnen.

Ich erinnere mich an Situationen, in denen mich feurige Pfeile ungeduldig machten. Dann ist man drauf und dran, etwas zu sagen oder zu tun, wofür man sich hinterher entschuldigen muss. Ich wandte mich in solchen Fällen im Glauben an den Herrn und vertraute darauf, dass er mir die nötige Geduld schenken würde. Daraufhin bekam ich die Lage wieder in den Griff. Ich wurde ruhig, und alle feurigen Pfeile waren erloschen. Sooft ich mich *nicht* im Glauben an ihn wandte, geriet ich in Brand – und so ging es auch anderen.

Der Helm des Heils. Ihn sollten wir sicherlich mit 1. Thessalonicher 5,8 in Beziehung setzen:

> … und als Helm mit der Hoffnung der Errettung.

Ich denke, Paulus spricht hier von der Hoffnung des Gläubigen auf die Wiederkunft Christi. Satan benutzt oft Entmutigung und Hoffnungslosigkeit als Waffen gegen uns. Mutlosigkeit macht uns nämlich äußerst verwundbar. Dann treffen wir törichte Entscheidungen, und wir sind anfällig für alle möglichen Versuchungen. Wenn unser ganzes Gemüt durch die »glückselige Hoffnung« der Wiederkunft unseres Herrn geschützt ist, kann Satan keine Entmutigung benutzen, um uns anzugreifen und zu besiegen.

Mutlosigkeit ist eine tödliche Waffe in den Händen des Feindes. Mose und Elia wurden so sehr entmutigt, dass sie Gott baten, er möge ihr irdisches Leben beenden. Und die Psalmen berichten von einigen Fällen, in denen David »in der Tiefe« war und nur noch auf Gott hoffen konnte.

> Was beugst du dich nieder, meine Seele, und was bist du unruhig in mir? Harre auf Gott, denn ich werde ihn noch preisen, der die Rettung meines Angesichts und mein Gott ist (Ps 43,5).

Wenn unsere Sinne und unsere Erwartung auf die Wiederkunft Christi gerichtet sind, werden wir vor Verzweiflung und Mutlosigkeit bewahrt, denn gerade diese Dinge bedrohen immer wieder das Leben hingegebener Christen. Als sich Paulus letztmalig im Gefängnis befand, den Tod vor Augen hatte und von vielen Gläubigen in Rom verlassen war, ermutigte er sich selbst mit dieser Hoffnung:

> Fortan liegt mir bereit die Krone der Gerechtigkeit, die der Herr, der gerechte Richter, mir zur Vergeltung geben wird an jenem Tag; nicht allein aber mir, sondern auch allen, die seine Erscheinung lieben (2Tim 4,8).

Das Schwert des Geistes. Das ist eine *Angriffs*waffe; die anderen Teile der Rüstung dienen der *Verteidigung*.

> Denn das Wort Gottes ist lebendig und wirksam und schärfer als jedes zweischneidige Schwert und durchdringend bis zur Scheidung von Seele und Geist, sowohl der Gelenke als auch des Markes, und ein Beurteiler der Gedanken und Überlegungen des Herzens (Hebr 4,12).

Das geistliche Schwert des Wortes Gottes unterscheidet sich von jedem materiellen Schwert, das man im Kampf einsetzen kann. Ein materielles Schwert wird vom Gebrauch stumpf; das Wort Gottes aber bleibt scharf. Ein materielles Schwert muss mit körperlicher Kraft geschwungen werden; das geistliche Schwert trägt bereits Leben und Kraft in sich. Der Geist Gottes befähigt uns, das Wort Gottes effektiv anzuwenden! Der Herr benutzte das Schwert des Geistes, als er Satan bei den Versuchungen in der Wüste zurückschlug. »Es steht geschrieben!«, sagte er und zitierte dabei aus dem Alten Testament. Martin Luther hat diese Lektion gut gelernt und schrieb in seinem berühmten Lied »Ein feste Burg ist unser Gott«:

Und wenn die Welt voll Teufel wär
und wollt uns gar verschlingen,
so fürchten wir uns nicht so sehr,
es soll uns doch gelingen.
Der Fürst dieser Welt,
wie sau'r er sich stellt,
tut er uns doch nicht;
das macht, er ist gericht't:
ein Wörtlein kann ihn fällen.

Über den Umgang mit dem Wort Gottes habe ich in Kapitel 1 gesprochen. Wir sollten uns den Abschnitt noch einmal ansehen.

Die Rüstung muss angezogen werden. Alles bisher Gesagte bleibt nur christlicher Symbolismus, wenn wir nicht wissen, wie wir diese Rüstung anziehen sollen. Wie man das macht, das finden wir in Epheser 6,18:

> ... zu aller Zeit betend mit allem Gebet und Flehen in dem Geist, und hierzu wachend in allem Anhalten und Flehen.

George Duffield hat diese Wahrheit in seinem Glaubenslied »Steht auf an Jesu Seite« sehr schön eingefangen:

Steh auf an Jesu Seite
und traue nicht auf dich.
Das Fleisch taugt nicht zum Streite,
versagt ganz jämmerlich.
Des Geistes Waffen trage
und bete allezeit,
dass du in jeder Lage
zum Kampfe bist bereit.

Wir ziehen die Rüstung unter Gebet an, und wir beten mithilfe des Heiligen Geistes.

Nach meiner Erfahrung eignet sich die Stille Zeit in der Frühe am besten, um die Waffenrüstung anzuziehen. Nachdem ich Gott meinen Körper, meinen Verstand und meinen Willen übergeben habe (siehe dazu 3.4 [»Unsere Verteidigung: Der in uns wohnende Geist Gottes«]), bitte ich darum, mit dem Heiligen Geist erfüllt zu werden. Dann ziehe ich *im Glauben* die Einzelteile der Rüstung an. Dabei bete ich etwa so:

»Vater, ich danke dir für die Vorsorge, die du getroffen hast, damit ich Satan besiegen kann. Nun lege ich im Glauben den Gürtel der Wahrheit an. Möge mein Leben heute von Wahrheit bestimmt sein. Hilf mir, in moralischer Reinheit zu leben. Im Glauben ziehe ich den Brustpanzer der Gerechtigkeit an. Möge mein Herz alles lieben, was gerecht ist, und alles Sündige ablehnen. Ich danke dir für die mir zugerechnete Gerechtigkeit Christi. Im Glauben ziehe ich die Schuhe des Friedens an. Hilf mir, dass ich heute im Sieg Christi stehe. Hilf mir, ein Mensch zu sein, der Frieden stiftet und nicht Kummer verursacht. Im Glauben ergreife ich den Schild des Glaubens. Möge ich dir und deinem Wort heute vertrauen und nicht Brennmaterial für Satans Pfeile liefern. Danke, dass ich furchtlos in diesen Tag gehen kann. Durch Glauben setze ich den Helm des Heils auf. Lass mich heute daran denken, dass Jesus wiederkommt. Hilf mir, auf die Zukunft hin zu leben. Bewahre meinen Sinn vor Entmutigung und Verzweiflung. Im Glauben ergreife ich das Schwert das Geistes. Hilf mir, dass ich mich heute an dein Wort erinnern und es anwenden kann. Vater, im Glauben habe ich die Waffenrüstung angelegt. Möge dies ein Tag des Sieges sein.«

Dies ist kein Routine-Gebet, und ich habe es nicht wiedergegeben, damit es auswendig gelernt und fortwährend wiederholt wird. Vielmehr habe ich es aufgeschrieben, um eine Vorstellung davon zu geben, was es heißt, die Einzelteile der Rüstung im Glauben und unter Gebet anzuziehen. Das ist eine ganz persönliche Angelegenheit zwischen jedem Gläubigen und seinem Herrn. Ich kann nicht vorschreiben, *was* man betet, aber ich kann sagen, dass man nichts Besseres tun kann, als darum zu beten!

Paulus teilt uns etwas über die Art und Weise mit, wie wir beten sollen. Es geht um ein *anhaltendes* Gebet – wenn es hier heißt: »Betet zu jeder Zeit« (RELB). Es reicht durchaus nicht, am Beginn eines Tages ein paar fromme Worte zu murmeln. Mit solchem Gebet wird Satan niemals besiegt.

> Er sagte ihnen aber auch ein Gleichnis dafür, dass sie allezeit beten und nicht ermatten sollten (Lk 18,1).

> Betet unablässig (1Thes 5,17).

Das bedeutet nicht, unaufhörlich leise Gebete zu sprechen. Es bedeutet aber sehr wohl, dass wir beständig in einer Haltung des Gebets sind und das volle Vertrauen haben, dass der Empfänger immer bereit ist, unsere Anliegen zu hören.

Die Gebete müssen auch *ausgewogen* sein. Das ist mit dem Ausdruck »mit allem Gebet« angesprochen.

Zu »allen Gebeten« gehören Anbetung, Lob, Sündenbekenntnis, Fürbitte und Danksagung. Wenn unsere Gebete nur aus Bitten um irgendetwas bestehen, werden wir den Segen eines ausgewogenen Gebets nicht erleben. Gebete, die nur aus Bitten bestehen, können sehr selbstsüchtig sein. Wir brauchen »alle Gebete«, um Satan zu besiegen.

Dazu gehört auch, dass wir *im Geist*, d. h. *in der Kraft des Heiligen Geistes*, beten. Wir müssen »im Geist« beten. Das bedeutet, der Heilige Geist muss uns offenbaren, *wofür* wir beten sollten, und er muss uns stärken, damit wir anhaltend beten. *Wahres Beten ist keine leichte Sache*. Wenn wir aus der Kraft des Fleisches beten, wird Gott nicht antworten. Wir werden dann auch schnell aufhören, und Satan wird wieder einen Sieg erringen.

Und schließlich müssen wir *wachend* beten und auf der Hut sein. Kein Soldat kann es sich leisten, angesichts des Feindes die Augen zu schließen. (Nebenbei gesagt: Die Gebetshaltungen wie Augen schließen, den Kopf neigen, die Hände falten – all das findet sich in der Bibel nicht. Die Juden beten mit erhobenen Händen und offenen, zum Himmel gerichteten Augen zu Gott.) »Wacht und betet!«, das war die wiederholte Mahnung unseres Herrn an seine Jünger (Mk 13,33; 14,38). Wir müssen achthaben auf das, was der Teufel tut; sonst wird er uns angreifen, während wir beten!

D. L. Moody arbeitete mit Ira Sankey zusammen, der den Gesang während seiner Evangelisationsversammlungen leitete. Er ermutigte ihn nicht, das bekannte Lied »Vorwärts, Christi Streiter« zu singen. Moody meinte, es stimme nicht mit der Erfahrung in der Christenheit überein. »Die Kirche ist eine armselige Truppe«, sagte er. Wir sind in der Tat »eine armselige Truppe«, weil wir die uns von Gott bereitgestellte Ausrüstung nicht anwenden. Gott ermahnt uns, fest zu stehen und Widerstand zu leisten! Und er macht uns fähig, das auch zu tun!

In einer anderen Fassung des oben erwähnten Liedes von George Duffield heißt es am Schluss:

> Legt an die Geistesrüstung,
> seid treu nur im Gebet!
> Steht stets auf eurem Posten,
> wenn es zum Kampfe geht!

9

Satans Heer

Weil Satan ein erschaffenes Wesen ist, ist er nicht wie Gott allwissend, allmächtig und allgegenwärtig. (Die Theologen nennen diese Eigenschaften »Omniszienz«, »Omnipotenz« und »Omnipräsenz«.) Satan scheint allerdings an sehr vielen Orten präsent zu sein, weil er ein Heer von Dämonen hat, das ihm im Kampf beisteht. Es gibt nur einen Teufel, aber es gibt viele Dämonen. Es gibt einige grundlegende Tatsachen über die Dämonen, die wir kennen sollten.

Wo kommen sie her?

Skeptiker versuchen, uns einzureden, es gebe solche Wesen wie Dämonen gar nicht. Sie behaupten, dass die ganze Vorstellung ein Überbleibsel uralter Mythen und abergläubischer Vorstellungen sei. Erkennen wir aber die Autorität der Bibel an, dann müssen wir die Existenz von Dämonen als Tatsache akzeptieren. Der Herr Jesus wusste, dass es dämonische Mächte gibt, und befreite oft hilflose Leute aus deren Macht. Jesus lehrte auch, dass es einen bestimmten Feind gebe, den Satan, und dass er über ein Reich böser Wesen regiere. Weil Jesus gekommen war, der Wahrheit Zeugnis zu geben (vgl. Joh 18,37), so müssen wir glauben, dass seine Aussagen der Wahrheit entsprechen und keinesfalls eine Anpassung an den Aberglauben seiner Zeitgenossen beinhalten.

Es hat den Anschein, dass die mit Luzifer aufbegehrenden Engel zusammen mit ihm fielen (Jes 14,12-15; Offb 12,3-4.7-9). Jesus sprach in Matthäus 25,41 von »dem Teufel und seinen Engeln«. Nirgendwo sagt die Bibel, die Dämonen seien die Geister verstorbener böser Menschen, die auf die Erde zurückgekehrt sind. Außerdem wird an keiner Stelle gesagt, dass sie die Geister irgendeiner präadamitischen Rasse seien.

Die Beschreibung der Dämonen stimmt tatsächlich mit dem überein, was wir über den Charakter Satans wissen: Dämonen sind *»unreine Geister«*[22] (Mt 10,1). Sie ermutigen die Menschen zu moralischer Unreinheit. Und ganz sicher sind die erschreckende Zunahme von Pornografie und die Vergötzung der Sexualität auf das Werk von Dämonen zurückzuführen. Sie werden auch *böse Geister* genannt (vgl. Mt 12,45). Offensichtlich gibt es Abstufungen, was die Bosheit unter den Dämonen betrifft. Es fällt nicht schwer zu glauben, dass Dämonen hinter den von der Menschheit heutzutage begangenen Bosheiten stecken. Dieses Wort »böse« hat nach einem Lexikon, das die Begriffe des griechischen Urtexts im Neuen Testament erläutert, folgende Bedeutungen: »niederträchtig«, »nichtswürdig«, »verderbt«, »entartet«. Satan selbst wird auch »der Böse« genannt (Mt 13,19). Wer wissen möchte, in welche Tiefen diese bösen Wesen einen Menschen stoßen können, der muss darüber lesen, wie die beiden Besessenen in Markus 5,1-20 beschrieben werden.

Interessant ist, dass die Dämonen Glauben an Gott haben.

> Du glaubst, dass Gott einer ist, du tust recht; auch die Dämonen glauben und zittern (Jak 2,19).

Der Glaube der Dämonen ist ganz sicher etwas Geringeres als der rettende Glaube! Die Dämonen glauben, dass Jesus der Sohn Gottes ist (Lk 8,28) und dass ein zukünftiges Gericht auf sie wartet (Lk 8,31). Sie hatten immer Angst, sobald Christus oder einer seiner Diener am Ort des Geschehens erschien.

Wie sind sie organisiert?

In Bezug auf die Gemeinde Christi wirkt Satan als derjenige, der zerstört und Spaltungen verursacht, aber in seinem eigenen Reich hält er stramme Ordnung. Wir dürfen ja nicht glauben, Satan regiere heutzutage in der Hölle, und alle seine Handlanger hätte er aus dem Abgrund hergeschickt. Satan ist der »Fürst der Gewalt der Luft«

---

22 A. d. A.: Hervorhebung hinzugefügt

(Eph 2,2), und er »geht umher wie ein brüllender Löwe« (1Petr 5,8; siehe Hi 1,7). Er hat ein emsiges Heer, das ihm beisteht im Kampf gegen Gott und das Volk Gottes.

Im Matthäusevangelium wird Satan als der »Fürst der Dämonen« bezeichnet (12,24). Und Paulus beschreibt die satanische Hierarchie in Epheser 6,12 so:

> Denn unser Kampf ist nicht gegen Fleisch und Blut, sondern gegen die Fürstentümer, gegen die Gewalten, gegen die Weltbeherrscher dieser Finsternis, gegen die geistlichen Mächte der Bosheit in den himmlischen Örtern.

So sieht die Beschreibung eines organisierten Reiches und eines organisierten Heeres aus.

Daniel 10,13 zeigt uns, dass Satan sich böser Engelsmächte bedient, die er für die Völker der Erde bestimmt hat. Die Antwort auf Daniels Gebet hatte sich verzögert, weil sich Gottes Engel eine Schlacht mit dem »Fürsten des Königreichs Persien« liefern musste. Dieser Bericht offenbart, wie wichtig das Gebet ist, damit Gottes Wille in dieser Welt ausgeführt wird, aber auch, dass Satan den Gläubigen widersteht, wenn sie beten.

Satan und seine Heere sind organisiert. Wären doch nur die Gläubigen einig, wenn es darum geht, Satans Angriffe abzuwehren und für Christus zu kämpfen! Dann würde Satan nicht so viele Siege erringen. Leider sind die Christen allzu oft damit beschäftigt, *gegeneinander ins Feld zu ziehen*. So sagte Lord Nelson zu zwei Offizieren, die sich stritten: »Meine Herren, es gibt nur einen Feind – und der ist da draußen!«

Wie wirken sie?

Wie ihr Meister sind die Dämonen Betrüger und Durcheinanderbringer (Joh 8,44). Nicht alle Krankheiten sind dämonischen Ursprungs. Jesus sandte seine Jünger aus als diejenigen, die Kranke heilen *und* Dämonen austreiben sollten (vgl. Mt 10,8). Er machte also einen Unterschied zwischen körperlicher Krankheit und dämonischer Besessenheit. Aber Dämonen können körperliche Beschwerden verursachen. Sie können Menschen *stumm* (Mt 9,32), *blind* (Mt 12,22) und *zu Krüppeln* machen (Lk 13,11). Sie können Menschen *quälen* (Mt 15,22) und sogar *zum Selbstmord treiben* (Mt 17,14ff.). Es gibt keinen Zweifel daran, dass einige körperliche Beschwerden von Dämonen verursacht werden.

Aber wie ihr Meister versuchen Dämonen, die betreffenden Menschen zu betrügen. Sie bringen falsche Lehren unter das Volk (1Tim 4,1ff.). Sie unterstützen okkulte Aktivitäten und die verschiedenen Formen der Wahrsagerei (Apg 16,16-18), und sie sind die treibende Kraft hinter allem Götzendienst (1Kor 10,14-22). Satan wollte stets angebetet werden, und die Dämonen verleiten ahnungslose Menschen dazu, Satans Wunsch zu erfüllen.

Dämonen wirken durch Menschen. Darum weist Paulus uns an, nicht gegen »Fleisch und Blut« zu kämpfen. Satan wirkt in nicht erretteten Menschen und durch sie (Eph 2,1-3), aber er kann auch in erretteten Menschen wirksam werden und durch sie gewisse Ziele erreichen. Wir brauchen nur an Petrus (Mt 16,21-23) sowie an Ananias und Sapphira zu denken (Apg 5). Der christliche Kämpfer muss zu aller Zeit wachsam sein.

Das mit »Besessene« oder »besessen« wiedergegebene Wort (Mt 4,24; 8,16.28.33; 9,32; 15,22) bedeutet wörtlich »Dämonisierte« oder »dämonisiert«. Ich kenne keine Bibelstelle, in der die Beziehung zwischen den Dämonen und der dämonisierten Person beschrieben wird. Wir kennen die Ergebnisse der Besessenheit, und wir kennen deren Ursache, doch Details der Beziehung zwischen einem Dämon und dem betroffenen Menschen werden uns nicht mitgeteilt. Ganz gewiss können Dämonen aber die Herrschaft über einen Menschen gewinnen, wenn er sich ihnen zur Verfügung stellt. Wenn es irgendwelche Unreinheiten im Leben eines Menschen gibt, so können die Dämonen dort Fuß fassen.

Kann ein Christ dämonisch »besessen« sein? Dieses Thema wird von Theologen debattiert. Ich meine, das Problem liegt darin, wie wir »Besessenheit« definieren. Was heißt es, *dämonisiert* zu sein? Wie stark ist dieses *Besessensein*? Ich habe diese Fragen persönlich mit angesehenen Christen diskutiert, die mit Dämonen im Leben anderer Gläubiger konfrontiert waren. Einer meiner Missionarsfreunde hatte auf diesem Gebiet beachtliche Erfahrungen gesammelt. Wenn das Fleisch in einem Gläubigen trotz der Innewohnung des Heiligen Geistes noch wirksam sein kann, dann kann es der Teufel auch. Vielleicht wäre es besser, von »dämonischen Einflüssen« oder von »dämonisch bedingten Zwangsvorstellungen« als von »dämonischer Besessenheit« zu reden.

Immerhin kommt es oft vor, dass Dämonen sehr wohl Menschen beeinflussen und benutzen können, die errettet sind. Während wir kein Beispiel in der Bibel finden, in dem Dämonen aus erretteten Menschen *ausgetrieben* wurden, haben wir sehr wohl ein Beispiel dafür, dass errettete Menschen gegen Dämonen *kämpfen*, die sie zu beeinflussen suchen. Der Epheserbrief wurde an Christen geschrieben.

Wenn es den Dämonen nicht gelingt, uns zu offenkundiger Sünde auf moralischem Gebiet zu verführen, versuchen sie es auf »höherer Ebene«, indem sie ihre Versuchungen subtiler gestalten. Immerhin nimmt »der Satan selbst … die Gestalt eines Engels des Lichts an« (2Kor 11,14). Er benutzt *Religion*, die Menschen zu umgarnen! Moralisches Wohlverhalten ohne die Gerechtigkeit Christi ist eine der wichtigsten Fallen, um Verlorene zu fangen und festzuhalten. Trinker, Drogenabhängige und Diebe wissen alle miteinander, dass sie Sünder sind, aber selbstgerechte Gemeindemitglieder halten sich oft für Heilige.

Wie enden sie?

Ein Ereignis im Leben Christi und eines seiner Gleichnisse, das er unmittelbar danach erzählte, helfen uns, die Frage zu beantworten: »Was wird mit Satan und seinem Heer geschehen?«

> Dann wurde ein Besessener zu ihm gebracht, blind und stumm; und er heilte ihn, sodass der Stumme redete und sah. Und alle die Volksmengen erstaunten und sprachen: Dieser ist doch nicht etwa der Sohn Davids? Die Pharisäer aber sag-

> ten, als sie es hörten: Dieser treibt die Dämonen nicht anders aus als durch den Beelzebul, den Fürsten der Dämonen. Da er aber ihre Gedanken kannte, sprach er zu ihnen: Jedes Reich, das mit sich selbst entzweit ist, wird verwüstet; und jede Stadt oder jedes Haus, das mit sich selbst entzweit ist, wird nicht bestehen. Und wenn der Satan den Satan austreibt, so ist er mit sich selbst entzweit; wie wird denn sein Reich bestehen? Und wenn ich durch Beelzebul die Dämonen austreibe, durch wen treiben eure Söhne sie aus? Darum werden sie eure Richter sein. Wenn ich aber durch den Geist Gottes die Dämonen austreibe, so ist also das Reich Gottes zu euch gekommen. Oder wie kann jemand in das Haus des Starken eindringen und seinen Hausrat rauben, wenn er nicht zuvor den Starken bindet? Und dann wird er sein Haus berauben (Mt 12,22-29).

Christus drang in das Reich Satans ein, als er Mensch wurde und auf die Erde kam. Satan wusste natürlich, dass er kommen sollte, und tat alles in seiner Macht Stehende, um das zu verhindern. Satan versuchte sogar, Jesus zu töten, nachdem er geboren war. Als er in Satans Reich eindrang, überwand er auch Satans Macht. »Der Starke« bekam es mit dem Stärkeren zu tun! In seinem Leben, seinem Tod und seinem Auferstehen hat Jesus Satans Macht völlig überwunden. Heute beansprucht er die Beute für sich. Er errettet die Sünder aus Satans Machtbereich und benutzt danach deren verändertes Leben, um die satanischen Mächte zu besiegen! Wie David, der erst Goliath tötete und dann das Schwert des Riesen benutzte, um ihm den Kopf abzuschlagen, so besiegte Jesus Christus den Satan und benutzt nun die eroberte Beute als Waffe gegen ihn. Jesus »hat … die Gefangenschaft gefangen geführt« (Eph 4,8), und diese Gefangenen wurden nun Streiter des Herrn.

Somit ist Satan ein besiegter Feind, und er weiß das. Sein »Geheimnis der Gesetzlosigkeit« (sein heimliches Programm) wird jetzt von dem Heiligen Geist zurückgehalten, der in den Gläubigen und durch sie wirkt (2Thes 2,1-12). Wenn die Gemeinde in den Himmel entrückt und Satan aus dem Himmel geworfen ist, wird er nur noch kurze Zeit auf der Erde haben und wird so viel zerstören, wie er nur kann (Offb 12). Aber sein Untergang ist sicher: Er und seine Engel werden in das ewige Feuer geworfen werden (Mt 25,41; Offb 20,1-3).

Der Gott geweihte Christ versucht, in Bezug auf die Dämonen zwei Extreme zu meiden: 1. Er sieht nicht hinter jedem Baum einen Dämon. 2. Er hütet sich vor Missachtung und Ignoranz, wenn es um die Lehre von den Dämonen geht. Die erste Haltung endet in Fanatismus oder Angst, während die zweite zu falscher Sicherheit führt. Beides ist gefährlich. Wer die Grundsätze in diesem Buch in die Praxis umsetzen will, wird die Wirksamkeit dämonischer Mächte verstehen lernen und in der Lage sein, sie aufzudecken und zu bekämpfen. Jesus besiegte die Dämonen durch den Geist Gottes (Mt 12,28), und das sollten wir auch tun.

> Der, der in euch ist, [ist] größer … als der, der in der Welt ist (1Jo 4,4).

10

Satan und die Familie

Der erste Angriff Satans richtete sich gegen die Familie. Er drang in Eden ein und verführte den ersten Ehemann und seine Frau zum Ungehorsam, sodass das Gericht folgte. Satan greift die Familien immer noch an. Das bedeutet nicht, an allen zerstörten Familien sei Satan Schuld, denn sehr oft hat das sündige Fleisch mit diesem Problem zu tun. Wenn ein Christ gegen den Willen Gottes eine Ehe eingeht, wird der Feind seine helle Freude daran haben. Wenn einer oder auch beide Partner noch nicht reif für die Anforderungen einer Ehe sind, findet Satan schnell Möglichkeiten für versteckte (oder auch ganz offene) Angriffe. Wenn die Eheleute nicht der Bibel gehorchen, indem sie Vater und Mutter verlassen, sondern ihren Eltern erlauben, sich einzumischen, dann hat der Satan leichtes Spiel, diese Ehe anzugreifen.

Aber die Bibel erwähnt auch einige spezielle Gebiete, auf denen der Teufel gern angreift, und hier müssen verheiratete Christen besonders achtgeben.

Satan verbreitet Lehren, die das Heiraten verbieten.

> Der Geist aber sagt ausdrücklich, dass in späteren Zeiten einige von dem Glauben abfallen werden, indem sie achten auf betrügerische Geister und Lehren von Dämonen, durch die Heuchelei von Lügenrednern, die betreffs des eigenen Gewissens wie mit einem Brenneisen gehärtet sind, [und] verbieten zu heiraten (1Tim 4,1-3).

Unser Herr macht in Matthäus 19,12 klar, dass nicht alle heiraten werden. Einige sind von Geburt an daran gehindert zu heiraten, weil sie vielleicht körperliche Probleme aufweisen. Andere können aufgrund eines Eingriffs nicht die eheliche Gemeinschaft eingehen; und wieder andere müssen Singles bleiben, um Gott besser dienen zu können. (Paulus gehörte offensichtlich zu der letzten Kategorie.) Ehelosigkeit ist eine christliche Option, aber für die meisten Leute ist es Gottes Wille, dass sie heiraten. Und dann kommt Satan und überzeugt eine Person, *dass Heiraten etwas Sündiges ist.* Er möchte uns glauben machen, Ehelosigkeit sei geistlicher als die Ehe, doch diese Vorstellung ist natürlich falsch. Der gesamte Kult des Zölibats und der Jungfräulichkeit basiert auf dieser Lehre. Selbstverständlich gibt es Leute, die Gott zu einem Leben in Ehelosigkeit berufen hat, denn dies ist eine göttliche Gabe (1Kor 7,7). Aber man muss die Gewissheit haben, dass es Gottes Wille und nicht eine satanische Verführung ist. Jedwede Lehre, die die Ehe abwertet und stattdessen höhere geistliche Tugenden und Segnungen für das Zölibat beansprucht, ist vom Teufel und nicht von Gott.

Satan versucht, die für die Ehe gegebene göttliche Ordnung umzukehren.

> Eine Frau lerne in der Stille in aller Unterordnung. Ich erlaube aber einer Frau nicht, zu lehren noch über den Mann zu herrschen, sondern still zu sein, denn Adam wurde zuerst gebildet, danach Eva (1Tim 2,11-13).

> Ihr Frauen, ordnet euch euren eigenen Männern unter, als dem Herrn. Denn der Mann ist das Haupt der Frau, wie auch der Christus das Haupt der Versammlung ist; er ist des Leibes Heiland (Eph 5,22-23).

Wenn ein Ehemann seine Stellung als Haupt einnimmt, übt er keine Diktatur aus. Vielmehr nimmt er damit Führungsverantwortung in Liebe wahr. Christus ist das Haupt der Gemeinde in einer lebendigen und von Liebe geprägten Beziehung; und der Ehemann sollte das Haupt der Ehefrau in einer lebendigen, von Liebe gekennzeichneten Beziehung sein. Beachten Sie bitte: Die Unterordnung der Frau ist keine *Unterwerfung*. Mann und Frau sind aus demselben »Grundmaterial« erschaffen worden, und sie sind eins in Jesus Christus (Gal 3,28). Satan hat die erste Ehe beinahe zerstört, indem er Eva von ihrem Ehemann zu einer Zeit entfernte, als sie seine geistliche Führung nötig hatte. Eva handelte unabhängig von ihrem Mann und verleitete ihn dann zum Sündigen.

Das soll nicht heißen, Ehemänner seien geistlicher als ihre Frauen. Sie müssten es sein; weil sie die geistliche Führungsverantwortung in der Ehe übernehmen sollen, aber oft ist das nicht der Fall. Doch die Gott hingegebene Christin ist dann weise, wenn sie ihren Mann in den Dingen des Herrn ermutigt und ihm hilft, seiner geistlichen Verantwortung in der Ehe besser gerecht zu werden.

Satan will Ehemänner und Ehefrauen zu moralischer Unreinheit verführen.

Irgendwo las ich, dass 50 Prozent der verheirateten Ehepaare zugeben, dass der eine oder der andere Partner untreu geworden sei. Gewöhnlich sind solche Affären vorübergehende Erfahrungen, die sich nicht wiederholen, aber sie enthalten trotzdem den Keim zu allen möglichen Eheproblemen. Darum schreibt Paulus:

> Was aber das betrifft, wovon ihr mir geschrieben habt, so ist es gut für einen Menschen, keine Frau zu berühren. Aber um der Hurerei willen habe ein jeder seine eigene Frau, und eine jede habe ihren eigenen Mann. Der Mann leiste der Frau die eheliche Pflicht, ebenso aber auch die Frau dem Mann. Die Frau hat nicht Macht über ihren eigenen Leib, sondern der Mann; ebenso aber hat auch der Mann nicht Macht über seinen eigenen Leib, sondern die Frau. Entzieht euch einander nicht, es sei denn etwa nach Übereinkunft eine Zeit lang, um zum Beten Muße zu haben; und kommt wieder zusammen, damit der Satan euch nicht versuche wegen eurer Unenthaltsamkeit (1Kor 7,1-5).

Mehrere Grundsätze werden in diesem wichtigen Abschnitt deutlich. Erstens ist Sexualität in der Ehe nichts Sündiges, doch muss ein wechselseitiges Einverständnis das Intimleben eines christlichen Ehepaares beherrschen. Es ist nicht vorgesehen, dass wir uns gegenseitig in selbstsüchtiger Weise »benutzen«.

Zweitens ist aus geistlichen Gründen Abstinenz erlaubt; wir sollen uns aber nicht selbst einer Versuchung aussetzen. Satan ist so listig, dass er einen christlichen Mann während des Betens in Versuchung führen kann! Die Ehe ist auf sexuellem Gebiet eine Hilfe zur Selbstbeherrschung.

Als Seelsorger habe ich erfahren, dass Eheleute, die aufeinander achthaben und ihre ehelichen Verpflichtungen erfüllen, kein Interesse an irgendeinem anderen Mann bzw. an einer anderen Frau haben. Satan weiß, wo Eheleute einander berauben. Da arrangiert er außereheliche Möglichkeiten, um die Bedürfnisse des Körpers auf sexuellem Gebiet zu befriedigen. Eheleute, die die Sexualität als Waffe gegeneinander verwenden, statt als Werkzeug zur gegenseitigen Erbauung zu gebrauchen, setzen sich gedankenlos Satans Absicht aus, ihre Ehe zu zerstören.

Satan versucht, die Frau möglichst viel außer Haus zu beschäftigen.

Nach 1. Timotheus 5,9-16 hatte die frühchristliche Gemeinde ein Programm eingerichtet, das der Versorgung gläubiger Witwen diente. Selbstverständlich gab es damals noch keine staatlichen Hilfen oder Sozialprogramme. Die Witwen wurden geprüft, bevor die Gemeinde sie als solche anerkannte. Paulus gibt folgende Anweisung in Bezug auf die jüngeren Witwen weiter:

> Ich will nun, dass jüngere Witwen heiraten, Kinder gebären, den Haushalt führen, dem Widersacher keinen Anlass der Schmähung wegen geben; denn schon haben sich einige abgewandt, dem Satan nach (1Tim 5,14-15).

Die Ehefrau, die sich ganz dem Herrn hingibt, sollte Freude und Erfüllung in ihrem Heim finden. Christliche Mädchen, die nicht an eigenen Kindern, am Haushalt und an der Fürsorge für einen Mann interessiert sind, sollten nicht heiraten. Sie machen nur sich selbst und den Mann, den sie heiraten, unglücklich. Man muss zugeben, dass es Situationen geben mag, in denen Mann und Frau ganz gut zurechtkommen, obwohl sie diese biblischen Anordnungen missachten, aber ich glaube ganz sicher, dass sie für ihre Beziehung etwas verlieren.

Wie das auch sein mag – Satan hat ein enormes Interesse daran, die Hausfrau außer Haus zu halten, wo sie interessante Erfahrungen ohne ihren Mann und ihre Familie macht.

Diese Art von Versuchungen sind besonders gefährlich für begabte Frauen, die Fähigkeiten besitzen, welche ihnen in der Geschäftswelt Ehre einbringen können. Damit sage ich nicht, es sei falsch, wenn die Ehefrau außerhalb ihres Hauses arbeitet. Aber ich meine, dass sowohl der Ehemann als auch seine Frau dann sehr aufpassen sollten, nicht vom Satan versucht zu werden. Wenn es *außerhalb des Hauses* angenehmer und anregender als *im Haus* ist, kann man sicher sein, dass Satan dabei ist, die Ehe kaputt zu machen.

Es ist eine ernste Sache, Ehemann, Ehefrau, Vater oder Mutter zu sein. Gott macht den Mann für die geistliche Ausrichtung des Hauses verantwortlich (vgl. Eph 5,18ff.). Satan greift den Ehemann und Vater an, indem er ihn vom göttlichen Willen abbringen will. Satan greift ebenso die Ehefrau und Mutter an. Darum müssen christliche Paare das Wort Gottes lesen und beten – nicht nur individuell, sondern auch zusammen als Familie. Wenn ein christlicher Seelsorger auf ein Eheproblem stößt, entdeckt er *ausnahmslos*, dass die Eheleute aufgehört haben, gemeinsam zu beten und Gottes Wort zu lesen.

Unser Heim benötigt den gleichen geistlichen Schutz wie jeder Einzelne: das inspirierte Wort Gottes, die verliehene Gnade Gottes, die Innewohnung des Geistes Gottes und die Fürsprache des Sohnes Gottes.

Abkürzungen

A. d. A.	Anmerkung des Autors
A. d. H.	Anmerkung des Herausgebers
A. d. Ü.	Anmerkung des Übersetzers
Elb 2003	*Elberfelder Übersetzung,* Hückeswagen: Christliche Schriftenverbreitung, 2003.
RELB	*Elberfelder Übersetzung, revidierte Fassung,* Wuppertal: R. Brockhaus Verlag.
Schlachter 2000	*Die Bibel,* übersetzt von F. E. Schlachter (Version 2000), Genf, 2003.